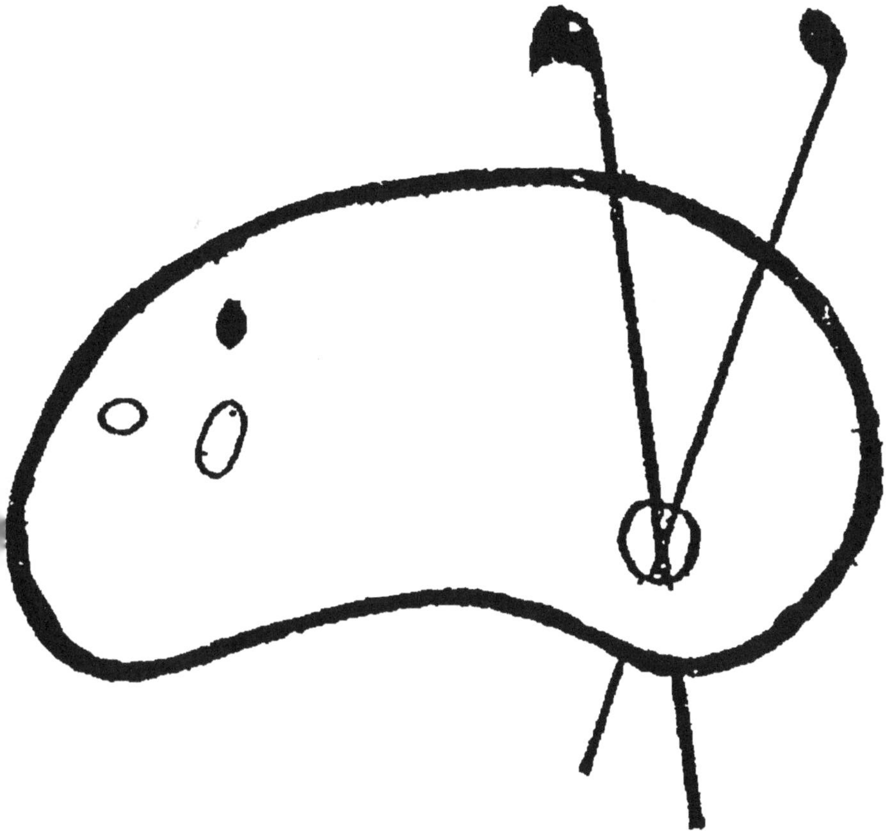

DEBUT D UNE SERIE DE DOCUMENTS
EN COULEUR

PROGRAMME DE 1885

DÉFINITIONS ET RÉSUMÉ
DE PHILOSOPHIE

AVEC L'HISTOIRE DE LA PHILOSOPHIE
ET L'ANALYSE DE TOUS LES AUTEURS INDIQUÉS

par

PAUL MABILLE
Professeur de Philosophie
Docteur ès Lettres
Officier de l'Instruction publique

DEUXIÈME ÉDITION

Prix 2 Francs

VESOUL
IMPRIMERIE DE L. CIVAL FILS

1885

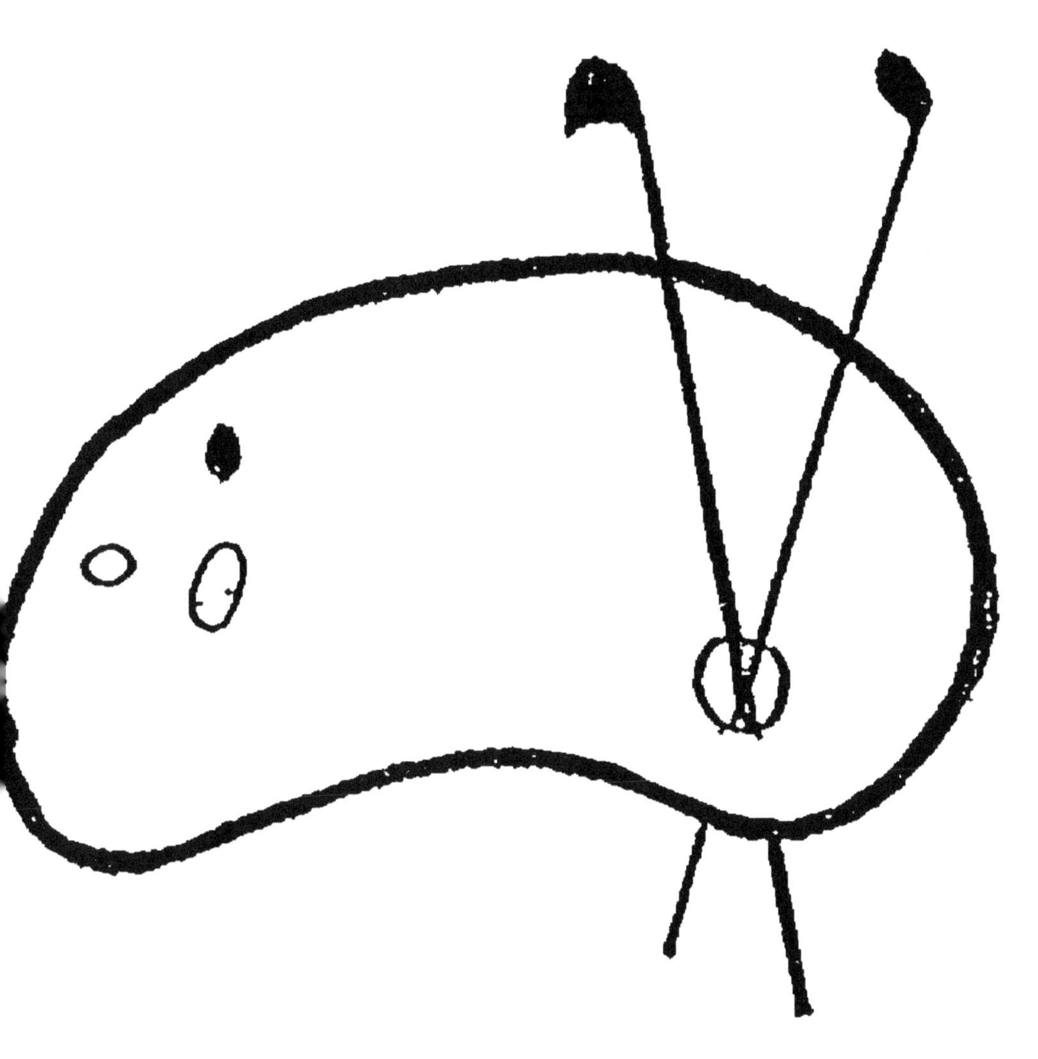

FIN D UNE SERIE DE DOCUMENTS
EN COULEUR

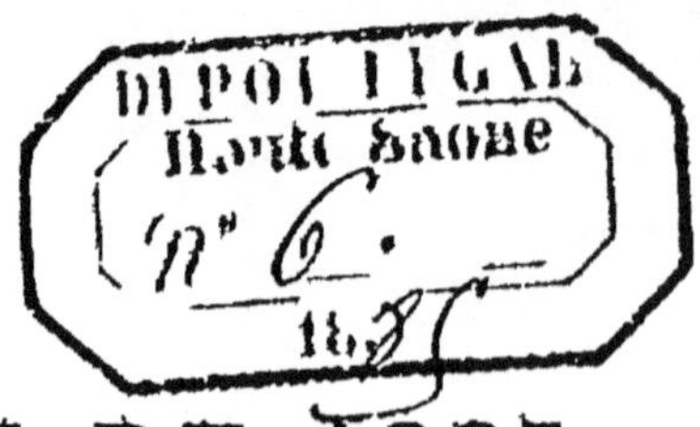

PROGRAMME DE 1885

DÉFINITIONS ET RÉSUMÉ DE PHILOSOPHIE*

INTRODUCTION

I — La science et les sciences

1. — Une *science* est un système de connaissances liées entre elles par des rapports naturels et rationnels

2 — Ces connaissances doivent être importantes, générales, impersonnelles et relatives à l'essence des êtres, à leur cause, à leur fin, ou à la loi des phénomènes

3 — La science humaine a pour triple objet le monde, l'homme et Dieu De là *les sciences* 1° mathématiques, 2° physiques et naturelles, 3° morales et métaphysiques On dit encore que les unes sont cosmologiques avec objet soit abstrait soit concret, les autres noologiques

En général les phénomènes physiques sont plus simples que ceux de physiologie et ceux-ci moins complexes que

* Les mots en italiques sont les mots définis

Les seize auteurs du programme de 1885 sont analysés et répartis dans la suite de l'histoire de la philosophie (Voir la table des matières) les faits psychologiques, car les facultes de l'âme n'apparaissent que dans la matière vivante et celle-ci suppose la matiere brute

4. — Des 128 sciences définies et classees par Ampere, les principales sont 1° les mathematiques, la mécanique, l'astronomie, la physique, la chimie, l'histoire naturelle comprenant la zoologie, la botanique, la mineralogie et la geologie, puis 2° la psychologie, l'esthetique, la logique, la morale, la philologie, la sociologie (jurisprudence, politique, economie politique, droit des gens), l'histoire et ses subdivisions, la métaphysique et la theologie

5 — Au-dessus des sciences particulieres, l'esprit humain conçoit une science superieure et maîtresse qui les domine par l'universalite de son point de vue, c'est la *philosophie des sciences*, elle embrasse tout, sinon par les détails, du moins par les principes, elle a pour objet les idees fondamentales, les principaux résultats et les lois les plus vastes des autres sciences.

6 — Au-dessus des mémoires et de l'histoire narrative se place la *philosophie de l'histoire* Elle s'elève aux causes générales Ces causes sont le milieu, le climat, les mœurs, le degre de civilisation, l'influence des peuples dominants et des hommes extraordinaires

7. — La *philosophie du droit* consiste à saisir l'esprit des lois et des codes, a en indiquer les rapports avec la morale, à en déterminer les grands principes, les caracteres communs et les progres successifs.

II — La philosophie : objet et division de la philosophie

8. — La *philosophie élémentaire* s'est reserve, comme son domaine inalienable, l'etude de l'âme humaine et de Dieu, c'est la son objet propre, et alors la methode exige qu'on aille de l'homme à Dieu.

9 — Mais si l'on se place à un point de vue plus elevé, la *philosophie* est la science des principes soit de l'existence des choses et des êtres, soit de la conduite et de l intelligence humaines Elle recherche la loi, la cause et la raison de tout, elle s'eleve dans chaque ordre de connaissances, aux verites premieres et universelles

10 -- La philosophie a pour *utilité* d apprendre à se rendre compte, elle est une discussion éclairee, une ecole de reflexion personnelle, elle aboutit a des conclusions en partie dogmatiques, en partie sceptiques

Cinq sciences distinctes constituent aujourd hui la philosophie élémentaire la psychologie, la logique la morale, la métaphysique et l'histoire de la philosophie

11 — La philosophie, ainsi définie et divisee, soutient, par l'une ou l'autre de ses parties, d'intimes *rapports* avec toutes les sciences soit exactes, soit physiques, soit morales En effet, la psychologie et la morale fondent la plupart des sciences morales, la logique resume les diverses methodes employees par les savants, et la métaphysique est comme le couronnement de tout notre savoir

PSYCHOLOGIE

I. — Objet de la psychologie — Caractères propres des faits qu'elle étudie — Les faits psychologiques et les faits physiologiques

12. — L'homme est un tout naturel en qui l'on distingue d'abord des phenomènes et fonctions physiologiques, puis des phenomènes et facultés psychologiques, on rapporte les premiers au corps, les seconds à l âme Or, bien que l'âme soit la chose principale en nous, cependant le corps et ses organes sont la condition actuellement necessaire de la vie spirituelle.

13 — La *physiologie* constate dans le corps d'abord les fonctions de nutrition pour l'assimilation et l'élimination des matières, puis les fonctions de relation, os et muscles A la nutrition se rattache le système des nerfs ganglionnaires ou grand sympathique, et à la vie de relation appartiennent, pour la marche, le mouvement et l'equilibre, les nerfs de l'encephale et ceux de la colonne vertebrale

14 — Du cerveau, partie de l'encephale, dependent, à l'aide des cinq organes des sens, les facultes spirituelles de la sensibilite et de l'intelligence Pour l'exercice de la volonte et de la force motrice, le cerveau, à la suite d'une volition ou résolution, agit sur les nerfs moteurs et ceux-ci sur les muscles

15. — Les faits physiologiques *se distinguent* des faits psychologiques en ce que nous n'avons conscience que des seconds, de plus les premiers ne sont que des mouvements de la matiere des organes, les seconds sont plus que des mouvements, on ne constate ni rapport exact, ni unite precise de comparaison entre ces deux ordres de faits des paroles dites à voix basse peuvent produire un sentiment violent ou de grandes et profondes pensées Le fait physiologique se localise dans le corps, se mesure par sa duree et sa situation organique, le fait psychologique n'admet pas un tel calcul De plus il est marque d'une dignite morale qui lui est propre

16 — Neanmoins il y a *relation* entre ces deux classes de faits en ce que parfois ils sont ou combines et mixtes ou limitrophes ou causes reciproques les uns des autres

17. — La *psychologie* est la science des faits spirituels et aussi de leur cause substantielle, mais ce second objet peut être avec raison attribué à la métaphysique La psychologie est donc surtout la description et la classification exacte des etats du moi et des facultés de l'âme

18 — Les faits qu'on etudie en psychologie ont pour *caractères propres* que nous en avons conscience et qu'ils n'apparaissent pas dans l'étendue. Ces faits ou phénomènes sont aussi réels que ceux de la matière, et même nous les connaissons plus directement Notre esprit n'atteint qu'imparfaitement ce qui est hors de lui

II. — Méthode de la psychologie méthode subjective : la réflexion Méthode objective les langues, l'histoire, etc — De l'expérimentation en psychologie

19 — La *méthode de la psychologie* est d abord une *méthode subjective*, d'observation intérieure ayant pour premier et principal procédé le témoignage intime aidé du souvenir et de la réflexion.

20 — La *conscience* ou sens intime est la science intime de soi Se savoir est pour l'homme un privilège remarquable, sans lui ni psychologie, ni joie, ni douleur, ni pensée, ni langage, ni libre arbitre

21 — La connaissance que donne la conscience, est certaine parce qu'elle est immédiate, car le sujet qui connaît est identique a l'objet connu. L'âme alors s'aperçoit elle-même. Il semble que nous plongeons dans notre être.

22 — Mais cette connaissance admet des *degrés* Non seulement il y a des états de basse et sourde conscience comme dans la rêverie dans le sommeil accompagné de rêves et dans les actes faits par habitude, mais souvent aussi l'âme se trouve dans l'inconscience complète, d'où les phénomènes, dits psychiques, du sommeil profond, de la syncope. Les deux autres degrés sont d'abord la conscience ordinaire avec souvenir fugitif, puis la réflexion plus profonde, moins distraite, mais plus pénible

23. - Le domaine de la conscience est un monde *limité*, car nous n'avons pas même conscience de notre corps, mais d'un moi uni à un corps; nous n avons non plus conscience ni des phénomènes psychiques, ni de la nature, ni de Dieu.

24 — La methode de la psychologie admet encore des *procédés objectifs*, ce sont les langues, l'histoire, l'expérimentation et la psychologie comparee

25. — L'habile choix des *mots*, leur composition ou dérivation, revelent en nos ancêtres une connaissance profonde de l âme, comme le prouvent les mots conscience, perception, conception, memoire, raisonnement, libre arbitre, etc

26 — Ensuite l'*histoire* politique et celle de la civilisation nous presentent, dans des personnages reels et dans la longue suite des siecles, les manifestations variees des facultes de l'ame, de là naissent d'abord les faits historiques, ensuite les mœurs, les grandes institutions sociales, les sciences, les beaux-arts

27 — On peut aussi, mais dans une certaine mesure, *expérimenter* en psychologie, on constate le resultat de ce procédé quand on donne un conseil, quand on prononce un discours, puis dans des essais d'education et aussi dans le traitement de la folie

28. — Enfin la *psychologie comparée* nous menera, par une légitime analogie, de l'animal à l'homme L'instinct est en partie psychologique De là naîtront des comparaisons exactes, des vues d'ensemble fort utiles

29 — L'etude des maladies de l'âme aboutirait également à des conclusions importantes

III. — Classification des faits psychologiques — Sensibilité le plaisir et la douleur — Sensations, sentiments — Les inclinations, les passions

30 — Donner une *théorie des facultés* de l'âme, c'est compléter l'observation des faits en les classant et en attribuant chaque classe distincte à une faculte speciale Alors on s'elève par induction des faits à leur cause intime

31 — On appelle *facultés* de l'âme les pouvoirs par

lesquels l'âme produit les divers faits de la vie spirituelle

32. — Autant on distingue de grandes classes de phenomenes psychologiques, autant on admet de facultes Or, on constate 1° les faits sensibles ils sont agreables ou desagreables, subjectifs, c'est-à-dire bornés au sujet qui les eprouve, variables, independants de notre volonté, expressifs, 2° les faits intellectuels ils sont vrais ou faux, objectifs, impersonnels, 3° les faits volontaires ils sont libres et personnels

33 — Cette classification etant complète, distincte et irreductible, on reconnaît trois facultes, la sensibilite l'intelligence et la volonte Malgre l'existence de ces facultes, l'âme est essentiellement une

34 — La *sensibilité* est le pouvoir que possède l'âme d'eprouver du plaisir ou de la douleur, au physique ou au moral

35. — Les phenomenes sensibles sont ou des emotions, etats affectifs encore vagues, ou des sensations, ou des sentiments, ou des mouvements passionnes Ils supposent les uns et les autres des inclinations inherentes à notre nature

36. — Le fond de la sensibilite, c'est de persévérer dans l'être et de tendre au mieux-être, c'est-à-dire au plaisir.

37. — Le *plaisir* est l'etat affectif qui resulte de la satisfaction de nos inclinations naturelles ou acquises La *douleur* en est le contraire

38. — Le plaisir exige une différence, une sorte de contraste par rapport aux etats anterieurs, mais cette difference ne doit pas aller jusqu'à une rupture d'equilibre trop de plaisir lasse

39 — Le plaisir et la douleur servent d'avertissement à l'intelligence et d'excitation à la volonte.

40 — La *sensation* est l'etat agreable ou desagreable de notre âme, quand elle a ete affectee par l'impression des objets exterieurs ou par l'action mutuelle des parties de notre corps. De là les sensations externes, puis celles qui sont internes.

41 — Trois circonstances physiologiques preparent l'avénement d'une sensation, à savoir trois impressions 1° organique, 2° nerveuse, 3° cerebrale

42 — Les sensations externes ou des cinq sens admettent plusieurs divisions, mais on a remarqué que des causes differentes produisent la même sensation dans le meme sens, la distinction des sensations serait donc, en partie au moins, subjective

43. — Si l'etat affectif provient de pensees, de souvenirs, de causes purement morales, c'est un *sentiment*, comme la joie ou la peine qu'on eprouve à la suite d'une bonne ou d'une mauvaise action

44 — Le sentiment a quantite et qualite Dans le premier cas, son degre superieur est la passion insatiable et violente dans le second, il admet autant d'especes que nous avons d'inclinations

45 — Les *inclinations* sont des predispositions innees ou acquises, dont l'action est constante et souvent inaperçue

46 — Les inclinations ont d'abord pour but la vie et la conservation du corps nourriture, repos, mouvement, reproduction D'autres ont pour objet notre supériorite individuelle, notre amour-propre, notre libre action

47. — D'autres encore, malgre Hobbes et La Rochefoucauld, sont altruistes et desinteressees Alors il y a sympathie et projection de notre moi un moi se substitue à un autre De là les affections philanthropiques, l'esprit de tolerance, l'amour de la patrie

48. — Plus etroites et plus intimes sont les affections domestiques des parents, des enfants, des frères et des sœurs Elles exigent à un certain degre l'amour ou l'amitie, mais ces deux dernieres inclinations se manifestent aussi en dehors de la famille.

49. — Les inclinations metaphysiques supposent l'exercice de la raison, elles produisent les sentiments relatifs au bien, au vrai, au beau et à Dieu

50. — Dans le sens large, la *passion* est tout phénomène de tristesse ou de joie Dans le sens étroit, la passion résulte d'une inclination violente et pervertie L'imagination l'exalte, aussi n'est-elle pas naturelle, mais acquise, elle vient de l'abandon de notre libre arbitre

51. — La passion admet des degrés et des espèces On distingue autant de passions que d'inclinations L habitude use la passion et en fait un besoin

IV — Intelligence . acquisition, conservation, élaboration de la connaissance — Les données de l'expérience et l'activité de l'esprit — Les sens et la conscience

52. — L'*intelligence* est la faculte de connaître et de comprendre par elle nous avons des idées, des souvenirs, nous jugeons et raisonnons, par elle nous connaissons le present, nous nous rappelons le passe et nous devinons ou concluons l'avenir

53 — Les choses sont, puis nous les connaissons Dès lors, connaître exige la double action et la synthese des *données* de l experience et de *l activité* de l esprit L intelligence saisit dans les objets ce qui est intellectuel les formes, les propriétés, les rapports, etc (*)

54 — Dans l'exercice de la conscience le sujet et l'objet sont identiques (20-23) Les *données* actives de la conscience sont 1° La notion de substance de notre moi, 2 celle de notre causalité efficiente, si manifeste dans la resolution et la passion, 3° celle de notre causalite finale

55. — Les *données* purement intellectuelles de la conscience sont celles de l'unité de notre moi, de sa simplicite, identité et durée

(*) Voir nos 66 et 67.

56 — Les donnees des *cinq sens* sont les diverses notions qui resultent de la réaction de l'âme à la suite de la sensation Elles sont plus qu'un choc nerveux. Les notions élémentaires sensibles sont l'odeur, la saveur, le son, la couleur ou la surface colorée, le chaud et le froid, l'attouchement, d'où proviennent l'etendue à trois dimensions et la notion de resistance du non-moi

57. — Le rôle primitif de chaque sens doit être distingue de son rôle actuel, car nos idées se superposent et se combinent rapidement

58 — L'acquisition des importantes notions de l'etendue et de la durée est expliquée differemment par les empiristes et par les nativistes Les premiers (Bain, Spencer) pretendent qu'on les acquiert successivement, lentement, à la suite de sensations musculaires et tactiles Les seconds (Kant et Maine de Biran) les regardent comme des donnees premieres, irreductibles et innees. Toutefois la notion de duree exige certainement l'exercice du sens intime et de la memoire

59. — Les sens ne nous trompent pas, car ils ne jugent pas, c'est à nous de bien interpreter leurs informations Mais ils ne nous donnent que l'apparence extérieure des objets, et en outre on peut constater qu'il n'existe aucun rapport entre les proprietes des objets et les idees que nous nous en formons, entre la blancheur et la notion de blanc (Voir n° 159)

V. — La mémoire. — L'association — L'imagination

60. — La *mémoire* conserve et rappelle les faits psychologiques antérieurs, elle a pour objet propre un état de l'âme, soit sensible, soit cognitif, soit volitif Elle produit la reminiscence et le souvenir.

61. — Malgre l'apparence contraire, il n'y a que difference de degré, mais non de nature, entre le fait psychologique antérieur et le souvenir. Un *souvenir* est donc la connaissance du présent accompagnée de la croyance du passé

L'aptitude à se souvenir a pour origine une habitude à la fois psychologique et physiologique Aussi faut-il l'exercer pour que la mémoire devienne tenace, fidele et prompte

62 — La mémoire est essentielle a la vie intellectuelle, elle contribue à faire naître les idées de durée, d'identité et de responsabilité du sujet pensant et moral

63 — L'*association* des idees consiste en ce qu'une pensee et même tout fait de conscience en suggèrent, en appellent un autre Les faits de l'âme sont comme contigus de là une habitude, une prédisposition à les repenser dans le même ordre

Cet ordre de nos idees provient de rapports ou contingents ou nécessaires et logiques

Spontanée ou reflechie, l'association des idees fait l'unite de la vie spirituelle, facilite l'exercice de la mémoire et devient le principe d'habitudes intellectuelles

64 — *Imaginer*, c'est se representer et reproduire mentalement la forme, la grandeur, l'apparence colorée d'un ou de plusieurs objets

Dans son rôle actif, l'imagination est d'abord destructive et elle brise les moules de la réalité, puis elle est constructive elle forme des ensembles d'idees sans objet immédiatement reel, elle crée elle-meme son objet d'après l'ideal auquel la raison donne un caractere de perfection infinie Elle subit aussi l'influence du sentiment esthétique.

L'imagination donne une forme non seulement aux objets sensibles, mais à tous nos etats psychologiques ainsi qu'aux conceptions abstraites et metaphysiques

65. — L'imagination se manifeste dans les jeux de l'enfance, dans le langage, les inventions diverses, les belles-lettres, mais elle realise surtout l'ideal dans les beaux-arts. Elle nous rend heureux ou malheureux, elle a ses dangers, car elle produit la rêverie, l'ambition démesurée, l'extase, la folie

VI — L'abstraction et la généralisation — Le jugement et le raisonnement — Principes directeurs de la connaissance — Peut-on les expliquer par l'expérience, l'association ou l'hérédité ?

66 — Notre esprit n'est pas comme une *table rase* qui reçoit des empreintes Il est actif, et cette *activité de l'esprit* a pour effet l appréhension, la synthese, et surtout l'élaboration des *données de l'expérience*, soit celles des cinq sens, soit celles de la conscience

67 — L'*attention* est aussi une importante manifestation de l'application de l'esprit Elle ne mérite ce nom que quand elle est volontaire On l'appelle observation, réflexion, meditation, suivant son objet L'attention joue un rôle important dans l'exercice de toutes les facultés intellectuelles , elle est indispensable à leur complet développement

68 — L'*élaboration* intellectuelle est ce travail inconscient de l'esprit qui, par l'abstraction, la comparaison et la généralisation, produit des idees d'idées

L'*abstraction* consiste à considérer separement les parties et les qualités des êtres et des choses , elle modifie l idée concrete primitive Quand je constate isolement dans un monument sa hauteur, sa forme, son antiquite , dans l'étendue, la largeur, la longueur , puis, dans la ligne, le point, je fais des abstractions L'abstraction admet des degrés elle n'est pénible que si nous l appliquons à des objets peu familiers

69. — Possesseur de quelques idées abstraites relatives à plusieurs objets, l'esprit etablit des rapports et fait des *comparaisons*. De là viennent les comparatifs, les jugements, les metaphores, les paralleles,

La comparaison exige que l'esprit connaisse au moins deux objets à la fois

70 — *Généraliser*, c'est etendre des rapports et des ressemblances à tout un genre d'êtres ou d'idées On obtient ainsi des idées dites générales dont l esprit est créateur, car dans la nature on ne voit que des individus Sont génerales les notions de polygone, de vertu, d'être, d'homme, de chene, de plante, etc

71 — L'idee generale rend possible le jugement et le savoir scientifique Le langage nous procure une foule d'idees generales toutes faites L'*extension* des idees générales s'entend des êtres auxquels elles s'appliquent, leur *compréhension* est l'ensemble des ressemblances réunies

72 — L'origine et l'objectivite des idees générales ont donne lieu aux solutions 1° nominaliste, 2° conceptualiste, 3° realiste On peut admettre que les noms communs ne sont pas seulement des sons, mais qu'ils correspondent 1° à des conceptions et idées de notre esprit, 2° a des espèces et à des genres naturels et reels Platon a enseigné que ces genres réalisaient dans l'univers les idees divines et créatrices

73 — Juger, c'est affirmer un rapport entre plusieurs notions liees par le mot est Le *jugement* est donc l operation par laquelle, certaines idees étant acquises, conservees, comparées ou associees, l'esprit les unit en une seule et même pensee L'*évidence* objective est la cause ordinaire de l'affirmation, or, il y a evidence quand une notion n'est pas contredite

74 — Les jugements sont attributifs et comparatifs, on y distingue trois parties, le sujet, le verbe et l'attribut, elles varient selon qu'on se place au point de vue de la quantite, de la qualite, de la relation et de la modalite. En outre, les jugements sont analytiques ou synthetiques, contingents ou nécessaires.

75. — Le *raisonnement* est l'opération par laquelle l'esprit associe des jugements pour en tirer un autre jugement appele conclusion. Cet acte d'union s'opère par les mots or, donc, car, etc , et il constitue la forme du raisonnement Le raisonnement est l'instrument d'un progrès indefini. L'induction part de jugements individuels ou particuliers pour s'elever à des jugements géneraux appelés lois ou principes La deduction fait, au contraire, passer la confiance de l'esprit d'un jugement general à un jugement individuel ou particulier

76 — L'exercice de notre intelligence n'aboutit pas à une multiplicite confuse d'idees certaines verites superieures president à cet exercice, ce sont les donnees de la raison. La *raison* est la faculte intellectuelle qui nous fait concevoir l'infini, l'absolu, le necessaire et les principes universels

77. L'*infini* est ce qui, par essence, n'a pas de limites, l'*absolu* est ce qui subsiste par soi-meme et n admet pas de degré, le *nécessaire* est ce qui ne peut pas ne pas être Les principales idees, soit sensibles, soit psychologiques, que la raison marque de ce triple caractere sont les idees de cause, de temps, d'espace, de beau, de bien, d existence L'antecedent chronologique de l'infini est le fini, et l'antécedent logique du fini est l infini L'infini et le necessaire apparaissent dans les jugements sous forme d'axiomes, et dans les raisonnements sous forme de conclusions démonstratives

78. — Les *principes directeurs* de la connaissance sont des vérites fondamentales, universelles et necessaires, qui se ramenent toutes au principe d identité A = A, et au principe de raison suffisante tout ce qui est a sa raison d'être A l'un ou à l'autre on rattache les principes de contradiction, de substance, de causalite, de finalite, de merite, etc

79 — L'origine et l'objectivite des principes directeurs de la connaissance ont donné lieu d'abord a la solution idealiste de l'*innéité*, presentee sous diverses formes par Platon, Aristote, Descartes, Malebranche, Leibniz, Kant, puis à la solution du *sensualisme* ancien professé par Démocrite, Epicure, Lucrèce, Gassendi, Locke, Condillac, ensuite à la solution associationiste de Hume et de Stuart Mill, enfin à celle de l'hérédité par filiation séculaire, soutenue par H. Spencer, Lewes, Murphy

80. — Le *sensualisme* a pour formule *Nihil est in intellectu quod non prius fuerit in sensu* Les *associationistes* prétendent que les principes directeurs viennent d'une habitude intellectuelle contractée par chacun de nous dès notre enfance, enfin, dans la solution de l'*hérédité*, on enseigne que ces principes directeurs sont un instinct mental legué par les ancêtres

81 — Sans méconnaitre la grande importance de l'expérience sensible, les partisans de l'innéité répondent à ces diverses théories, 1° qu'il faut d'abord bien définir l'infini, le nécessaire, l'absolu, l'universel, la substance, la cause, le bien obligatoire, puis 2° que l'esprit n'est point passif dans la production de ces concepts, 3° que l'expérience, même ancestrale, reste impuissante à expliquer soit la nécessité, soit l'universalité des principes directeurs

VII — La volonté — Instinct, liberté, habitude

82. — L'*activité* est cet attribut essentiel de notre âme qui produit tous les phénomènes psychologiques La *passivité* consiste à subir une action sans pouvoir réagir. L'*inertie* est l'indifférence au repos et au mouvement

83 — Notre activité admet trois degrés, l'instinct, la liberté, l'habitude L'*instinct* est dans l'homme, et surtout dans l'animal, une activité peu consciente, un art naturel, inné et variable selon les espèces Il n'est pas purement physiologique.

84 — La *volonté* est la faculté de se décider librement. Etre *libre*, c'est être cause initiale et intelligente, c'est disposer de soi. L'homme alors se possède et se dirige lui-même, il conçoit l'acte futur et il lui donne son assentiment éclairé. La liberté de la résolution est en raison directe des lumières de l'intelligence et en raison inverse de la violence de la passion.

85. — La meilleure preuve du libre arbitre consiste en ce qu'à tout instant on en fait l'expérience intime. Toujours nous sentons que nous aurions pu prendre une résolution opposée ou nous abstenir. L'homme a aussi l'idée très nette de son autonomie, et il a, en outre, l'idée de la fatalité. Or, les contraires ne peuvent être conçus comme tels l'un sans l'autre. De plus la notion du devoir exige que nous puissions librement l'accomplir, car « la vertu n'est pas un produit comme le sucre et l'alcool, » et la peine est plus qu'un coup utile.

86. — Le *fatalisme* nie la liberté de notre activité réfléchie. Il s'appelle *déterminisme* quand, se fondant sur les principes de raison suffisante et de continuité, on soutient qu'une résolution libre serait un effet sans cause et que, d'ailleurs, le motif le plus fort l'emportant toujours, il est donc nécessitant. On répond d'abord que notre activité volontaire est une cause suffisante de la résolution, et que c'est nous qui, par notre assentiment éclairé, donnons son influence au motif le plus fort.

87. — Le fatalisme religieux, chrétien ou mahométan, regarde comme inconciliables d'une part notre libre arbitre, d'autre part la puissance et la prescience de Dieu. Mais on répond que Dieu a pu nous créer libres, quoique dépendants, et que la science divine connaît nos actes sans les déterminer.

88. — L'*habitude* est une prédisposition acquise à la suite de l'action d'une cause soit externe, telle que le climat, soit interne, telle qu'une première résolution. En elle-même elle est un principe d'inertie et de stabilité, mais elle produit la facilité et la rapidité d'action ; elle crée des besoins. Elle affaiblit la sensation, mais rend plus vif le sentiment.

VIII. — L'expression des faits psychologiques : les signes et le langage. — Le beau et l'art

89. — Un *signe* est tout ce qui rend sensibles et faciles à connaître les choses absentes ou inaccessibles à nos sens Ces choses sont des faits, des êtres ou des pensees — Notre âme n'est pas un monde fermé, car l'homme a le pouvoir d'exprimer les phénomènes psychologiques par des signes dont l'ensemble si riche et si varie constitue le *langage* Le langage est ou naturel et comprend les cris et les gestes, ou artificiel, c'est-à-dire successivement crée par le genie et l'art de l'homme, l'un est synthetique, l'autre analytique Le second renferme le langage parle avec sons articules, timbrés, tonifiés, puis le langage ecrit, soit ideographique, soit phonetique ou syllabique, et enfin le langage d action

90 — Sur l'*origine de la parole*, quatre solutions ont éte présentées il serait 1° une révélation surnaturelle, de Bonald, 2° une revélation, une inspiration naturelle, Max Muller, 3° une invention et une convention humaine, expresse et positive, 4° une elaboration inconsciente, involontaire et successive du langage naturel et inarticule, cette derniere solution est la meilleure

91 — Les *rapports de la pensée et de la parole* consistent essentiellement en ce que la pensee est cause et la parole effet, mais reciproquement la parole est cause du developpement de la pensee Les mots correspondent aux idées isolées, les noms communs aux idées generales, sans des mots la mémoire serait plus oublieuse Le jugement s'exprime en propositions, le raisonnement en démonstrations et arguments, l'absence de mots le rendrait presque impossible En outre notre âme tout entiere apparaît dans une œuvre litteraire, car le style, c est l'homme Enfin tout langage est une condition indispensable de la vie sociale, de plus le genie d'un peuple peut être en partie connu par le genie de sa langue, et le progrès d'une civilisation par le degré de développement d'un idiome

92. — Les principaux caractères d'une *langue bien faite* sont la richesse, la précision, la clarté, l'analogie des sens divers La *grammaire générale* est la science des éléments et des lois de tout langage. Ces elements essentiels sont le nom, l'adjectif et le verbe être Les lois les plus génerales du langage sont les différentes conditions ou règles auxquelles il est soumis pour la création des mots, pour leur formation, leur flexion, leur combinaison et leur union syntaxique.

93 — L'*Esthétique* est la science du beau, Il est plus facile de sentir que de définir le beau Néanmoins on peut admettre qu'en général le *beau* est la manifestation éclatante, une et variee, du principe qui est l'âme et l'essence des choses

94 — Le beau est ou *idéal*, c'est-à-dire conçu par la raison, ou naturel, ou artificiel Le *sublime* est le beau, mais avec moins de régularité dans la forme et de mesure dans les effets L'art classique prefère le beau, l'art romantique recherche plutôt le sublime

95 — L'*art* est l'ensemble des procédés qu'on emploie pour produire des œuvres belles en symbolisant l'idéal et en idealisant le réel. L'art doit imiter la nature, mais il doit aussi l'embellir et la glorifier.

IX — Les rapports du physique et du moral. — Notions très sommaires de psychologie comparée, l homme et l'animal

96. — Les *rapports du physique et du moral* sont des rapports d influence efficace et de sympathie mutuelles. La conscience est comme un miroir du corps Nos qualites morales dependent de l'age, du sexe, du tempérament, du climat, de l'hérédité, de la sante, la pensée varie suivant l'état du cerveau. Réciproquement les passions, l'imagination, la volonté exercent leur action sur l'organisme

97 — Comme cas remarquables des rapports du physique et du moral, on doit signaler 1° le *sommeil* ou repos périodique de nos organes avec suspension de la vie psychologique, 2° les *rêves* soit affectifs, soit intuitifs, soit intellectuels, 3° le *somnambulisme* ou rêve en action, avec motricité, double mémoire et sélection des impressions sensibles, 4° l'*hallucination*, illusion toute subjective des sens et de l'imagination, 5° enfin la *folie*, désordre partiel ou général des facultés psychologiques

98. — La *psychologie comparée* est l'étude de l'esprit humain, fondée sur des comparaisons et analogies avec l'âme des bêtes Les animaux ne sont pas des automates Ils ne sont pas non plus endormis ou somnambules, ou hallucinés, ou insensés Mais ils ont à peu près les mêmes opérations sensitives que l'homme, leur sensibilité morale est fort limitée, leur mémoire très oublieuse, ils n'ont pas la perception expresse du rapport, leur conscience est obscure, leur langage n'est pas clairement intentionnel. L'*instinct* est la volonté directrice de l'animal, il n'est pas libre, c'est une impulsion naturelle, innée, avec faible conscience, et perfection presque immédiate L'*âme des bêtes* est immatérielle, mais elle n'est pas spirituelle.

LOGIQUE

I. — Logique formelle — Des termes. — Des propositions. — Des différentes formes du raisonnement

99 — La *logique* est la science des lois de l'intelligence humaine et l'art d'arriver au vrai Comme science, elle ne s'occupe que de la *forme* de la pensée, c'est-à-dire des rapports qui unissent les termes et les propositions Comme art, elle varie suivant la matière et l'objet à étudier, elle est alors une méthodologie, une logique appliquée.

100 — Les *termes* sont les mots qui expriment nos idées, soit concretes ou abstraites, soit individuelles ou particulieres, ou generales. Les *propositions* sont l'expression de nos jugements. On y distingue trois termes, le sujet, le verbe et l'attribut, termes qui sont incomplexes ou complexes. De plus les propositions sont soit generales, affirmatives ou negatives A, E, soit particulieres, affirmatives ou negatives I, O. On peut convertir ces propositions, c'est-à-dire en transposer les termes.

101 — Les *différentes formes de raisonnement* sont l'induction et la deduction ; à la première se rattache le raisonnement par analogie (119), à la seconde la démonstration (110). *Induire*, c'est s'élever d'une observation limitee ou d'une vérité particuliere à une loi générale : quelques A sont B, donc tout A est B. Dans la *déduction*, au contraire, on part d'un principe plus ou moins géneral et on l'applique à un cas particulier comme dans cette formule : tout A est B, donc quelque A est B. Les donnees ou premisses de la deduction sont contingentes ou nécessaires.

102 — La *syllogistique* est la science du raisonnement déductif. Le *syllogisme* est la forme exacte, l'expression complete d'un raisonnement déductif : tout ce qu'atteste le sens intime est vrai ; or le sens intime atteste que nous sommes libres, donc il est vrai que nous sommes libres. On distingue trois termes dans tout syllogisme : le majeur, le mineur et le moyen ; ils sont répartis dans trois propositions, appelées majeure, mineure, conclusion. Chacune peut varier en quantite et en qualité. Il n'y a que dix-neuf modes ou especes de syllogismes conformes aux regles ; ils sont répartis en quatre figures, caractérisées chacune par la place du moyen.

103 — Les philosophes scolastiques donnaient huit règles générales du syllogisme ; les trois principales sont qu'il ne doit renfermer que trois termes, que leur sens doit rester le même et que le moyen doit être pris au moins une fois dans toute son extension En outre, d'après le principe de contenance, la majeure doit contenir la conclusion et la mineure le faire voir

104 — Ce qui precède se rapporte aux syllogismes dont la majeure est enonciative et assertorique, mais si elle est hypothétique ou disjonctive, alors on obtient les modes I hypothetiques 1° si A est, B est, or A est, donc B est, 2° si A est, B est, or B n'est pas, donc A n'est pas, II disjonctifs la paix perpetuelle est ou une exigence de la raison ou une chimere, or elle est une chimère, donc elle n'est pas une exigence de la raison. Enfin le syllogisme se presente encore sous les formes assez usitees de l'enthymême une des premisses est alors sous-entendue de l epichereme les prémisses sont expliquees, du sorite A = B, B = C, C = D, donc A = D, du dilemme le géneral dit à la sentinelle qui a laisse penétrer l'ennemi tu etais à ton poste ou tu n'y etais pas, si tu y étais, tu as trahi, si tu n'y etais pas, tu as manque à ton devoir, dans les deux cas tu mérites la mort, du prosyllogisme ou suite de syllogismes, et de l'exemple à fortiori, ou à pari, ou à contrario

II — Logique appliquée — Méthode des sciences exactes · axiomes, définitions — Démonstration

105 — La *logique appliquée* est l'ensemble des procédes de la méthode, variables selon qu'ils s'appliquent aux sciences ou exactes, ou physiques et naturelles, ou morales

106 — Une *méthode* est la voie la plus courte qui nous mène à la science, elle doit être simple et bien choisie Elle sert à decouvrir, puis à enseigner ce qu'on a découvert Les deux procédes généraux de toute méthode sont l'*analyse* et la *synthèse* dans le pr mier cas, on divise les parties d'un tout, on sépare les éléments du concret, on transforme les données d'un problème, dans le second cas, on recompose le tout, on voit les choses d'ensemble, on combine les éléments, on donne l'unité à la science L'analyse doit être complète et bien graduée, la synthèse exacte et naturelle

107 — La *méthode des sciences exactes* a pour procédés les axiomes, les définitions et la démonstration Les *axiomes* sont des principes communs à toutes les démonstrations, ils en garantissent la rigueur, ils sont universels et nécessaires Tels sont les principes d'identité *Quidquid est, est*, de contradiction une même chose ne peut pas être elle même et son contraire, dans le même temps et sous le même rapport, deux quantités egales, augmentees ou diminuees de la même quantite, restent egales, etc

108 — La *définition* est une proposition speciale indiquant l'essence et la nature propre d'un être ou d'une idee On doit alors rattacher ce qui est à définir à l'idée génerale la plus voisine, puis énoncer sa particularite distinctive Les définitions sont ou de chose ou de mot, mais il est plus important d'admettre qu'une definition est ou rationnelle et geométrique, ou empirique et progressive Une bonne définition est claire, courte, entière, propre, exacte et reciproque

109 — Les *définitions* des mathématiques sont rationnelles, elles leur donnent leur objet et leur matière, elles en sont les principes propres Exemple la sphère est un solide engendré par la révolution d'un demi cercle autour de son diametre

110 — La *démonstration* est une deduction en matière nécessaire Elle est ou analytique et régressive pour l'invention des theorèmes et la solution des problemes, ou synthétique et descendante pour l'exposition des vérités trouvees Ainsi on demontre que l'aire d'un triangle est égale au produit de sa base par la moitie de sa hauteur en s'appuyant 1° Sur ce que le triangle est la moitié d'un parallélogramme ayant même base et même hauteur, et 2° sur ce que l'aire d'un parallélogramme a pour mesure le produit de sa base et de sa hauteur En mathématiques, on fait encore usage de postulats, de lemmes, de corollaires et de la reduction à l'absurde.

III — Méthode des sciences physiques et naturelles · observation, expérimentation ; hypothèse, induction, classification, analogie, définitions empiriques

111 — Les *sciences physiques* sont l'étude raisonnée du monde extérieur, dans le but de réduire à l'unité et à la constance de lois générales les phénomènes multiplés et variables. On va ainsi des phénomènes déterminés aux phénomenes déterminants

112. — L'*observation* est l'étude attentive des faits pour savoir la manière dont ils s'accomplissent, ou des êtres pour connaître leur nature. L'art d'observer, de regarder avec intelligence est peu commun, car tous les faits n'ont pas la même importance. Les sens ont besoin d'être aidés ou fortifiés d instruments L'observation doit être analytique, patiente et precise

113 — On recourra à l'*expérimentation* si les phénomènes sont fugitifs, peu fréquents, difficiles à observer. Alors on en préparera l'apparition et la longue durée, l'invention de machines sera nécessaire Il faut savoir étendre, varier et renverser par la synthèse ce procédé scientifique, il est toujours difficile et parfois impossible de l'employer

114 — L'*hypothèse* est une supposition admise sans preuves suffisantes, mais ses prévisions sont nécessaires aux progrès de la science, elle est comme le pressentiment du génie Elle est souvent spéciale à une classe de faits, mais elle doit tendre à devenir de plus en plus générale. On distingue aussi l'hypothèse de loi et celle de cause Elle doit être contrôlee et vérifiee

115. — L'*induction* a plus de valeur scientifique, mais moins de charme et d'intérêt que l'hypothèse Elle est la conclusion de la méthode expérimentale Elle étend à tous les temps, à tous les lieux et à tous les êtres d'un même genre les résultats bornés de notre expérience Admettre que le froid congèle et que la chaleur fait entrer en ébullition tous les liquides, c'est induire Pour y arriver, on élimine l accidentel et l'on s'efforce de saisir la loi dans un ensemble de faits ou même dans un seul fait

116 — La part de la raison dans l'induction est triple 1° on ne sort pas du meme genre, on s'appuie donc sur le principe d'identite, 2° on admet implicitement que les mêmes causes produisent les mêmes effets, 3° on généralise de nombreuses coïncidences dans la production d'un seul ou de plusieurs faits

117 — Pour induire légitimement il importe de multiplier les observations, d'éviter les lois exclusives, d'employer des tableaux comparatifs et de constater la concordance, les differences, les variations des faits

118 — S'il s'agit d'êtres nombreux comme en *histoire naturelle*, le procéde inductif est la *classification* C'est une division par genres et par especes, elle differe profondement de la division qui distingue les parties d'un tout. La classification est ou empirique et usuelle, ou artificielle comme celles de Tournefort et de Linné, ou naturelle comme celle des de Jussieu et de Cuvier Il importe d'y noter tous les caractères dominateurs Elle doit être complète, distincte et irreductible Elle aboutit à des *définitions empiriques* (108)

119 — L'*analogie* est un raisonnement inductif fort employé en histoire naturelle, en paleontologie surtout, et de plus dans les relations de la vie sociale On y conclut de similitudes observees dans un genre à une similitude non observee dans un autre genre, exemple conclure de l'animal à l'homme. — On s'y fonde sur la ressemblance des fins et des moyens et sur celle des causes et des effets. Les ressemblances doivent être importantes et nombreuses

IV. — De la méthode dans les sciences morales — Le témoignage des hommes — La méthode historique — Des erreurs et des sophismes

120 Les *sciences morales* (Voir nº 4, 2º) sont pour la méthode soit inductives soit deductives Souvent même il y faut faire la part de l'expérience, puis la part de la deduction, comme il arrive pour la morale, le droit et la politique Ainsi les préceptes de la morale exigent que l'on connaisse l'homme tel qu'il est, mais ils sont aussi des consequences deductives des trois idées de bien obligatoire de mérite et de droit D'autre part, la psychologie est surtout descriptive et dès lors inductive On y applique tous les procédés de la méthode expérimentale

121 — L'*histoire* est une science morale qui exige une méthode inductive spéciale Elle est constituee par l'ensemble des faits collectifs qui resultent de l'état de société. Elle est ou narrative ou philosophique Sa certitude repose sur un ensemble de temoignages et de documents, lesquels doivent tous plus ou moins concorder pour que l'induction soit légitime

122 — Le *témoignage* est la deposition de celui qui a vu ou entendu, il porte sur des faits ou sur des doctrines Son autorite est la valeur scientifique qu'il faut lui reconnaitre Il importe que le témoin soit fidèle, impartial, intelligent et instruit, l unanimité et les divergences des temoins ainsi que la qualité des faits exigent une appreciation attentive

123 — Quand les témoins sont morts, on arrive à la certitude morale de l'histoire en se défiant des traditions orales, en interpretant les monuments (inscriptions, palais, temples, etc), en comparant les divers récits des historiens et en appréciant dans chaque auteur, d'après des preuves externes et internes, la vraisemblance des faits, l'authenticité et l'intégrité des œuvres, l'honnêteté, l'impartialité et les lumières du narrateur.

124 — L'*erreur* consiste en un manque de conformité entre l'idée et l'objet Elle est inconsciente et involontaire, car jamais on ne veut se tromper Mais elle est volontaire en ce que nous pourrions toujours faire attention et douter Les *causes de l'erreur* sont ou dans la difficulté de l'objet à connaître, ou dans un mauvais emploi du raisonnement et dans certaines dispositions de notre cœur Les *remèdes* de l'erreur consistent à faire disparaître ces causes diverses

125 — Le *sophisme* est une erreur logique ou de raisonnement , on la commet en violant les lois soit de l'analogie, soit de l'induction, soit de la déduction, comme il arrive dans les sophismes de la fausse évidence (mal voir), de l'induction précipitée, du dénombrement incomplet, de la fausse cause *post hoc* ou *cum hoc, ergo propter hoc)*, de l'ignorance du sujet (ne pas traiter la question) de la pétition de principe (s'appuyer sur ce qu'il faudrait démontrer), du cercle vicieux ou double pétition de principe, de l'équivoque sur le sens des mots et de l'amphibologie des propositions

MORALE

I — Principes de la morale La conscience — Le bien — Le devoir

126 — La *morale* est la science de nos devoirs et de nos droits Ses maximes nous prédisposent à la vertu et assurent en partie notre bonheur

La morale est ou purement spéculative et théorique ou particulière et plus pratique

127 — La faculté qui nous donne les principes de nos mœurs est la *conscience morale* ou science intime du bien et du mal. C'est elle qui, durant toute notre vie, classe en deux catégories tous nos actes, les bons et les mauvais; par elle nous aimons le bien, nous nous y sentons obligés sans aucune restriction, nous nous jugeons nous-mêmes méritants ou déméritants

128 — Le *Bien* est la réalisation de toutes les tendances inhérentes à un être et qui résultent de sa nature Souvent le plaisir s'ajoute à la satisfaction de nos besoins inférieurs ou supérieurs Le bien est physique ou moral, c'est-à-dire fatalement ou librement obtenu, le bien moral se rapporte à l'âme et à ses facultés

129 — Le *devoir* est le bien moral conçu comme obligatoire. On l'appelle aussi l'honnête ou loi morale C'est une conception rationnelle applicable à tous nos actes Il est de plus universel, désintéressé, facile à comprendre et toujours praticable

II. — Examen des doctrines utilitaires — La responsabilité et la sanction

130 — Mais, dans *les doctrines utilitaires*, on n'accepte pas le devoir et l'honnête comme loi morale Ainsi Aristippe de Cyrène proposait comme but de nos actions la poursuite du *plaisir* sensible et immédiat Puis Épicure enseignait que le souverain bien est la plus grande somme de bien-être avec le moins de douleur possible

131 — On répond à Aristippe que l'agréable, et à Épicure que l'*utile* ou l'*intérêt* ne sont point porteurs des caractères exigibles à priori de notre loi morale. Celle-ci en effet doit être obligatoire, universelle, claire et toujours praticable, au moins d'intention Or ni l'agréable ou le plaisir, ni l'utile ou le bien-être n'ont ces caractères Nul ne se sent obligé de faire fortune

132. — D'autres moralistes tels que Bentham, ont enseigné que le souverain bien était le plus grand intérêt du plus grand nombre Ce principe est plus désintéressé, plus noble que les deux précédents, mais l'*intérêt général* n'est pas plus obligatoire que l'intérêt égoïste. De plus il n'est ni clair, ni facile à obtenir

133 — Si, comme le veut Stuart-Mill, on exige, pour le plaisir et l'intérêt, non pas seulement la quantité, mais la *qualité* et la dignité, alors par cette importante distinction, on déserte la morale de l'intérêt et l'on se rallie, comme malgré soi, à une morale supérieure, car c'est la raison, mais non le sens, qui décidera de cette qualité

134 — Enfin Adam Smith, J.-J Rousseau et Jacobi ont pensé que les *sentiments* tels que l'antipathie, la sympathie, l'honneur, la honte, l'estime et le mépris suffisaient pour fixer avec certitude le bien et le mal. D'après eux, le bien serait ce avec quoi nous sympathisons Mais c'est là un indice fort indirect, fort variable du bien. que de fois on aime le mal ! que de fois on s'y attache !

135. — Notre vraie loi morale sera donc le devoir, l'honnête, l'impératif catégorique fais ce que dois, advienne que pourra Mais il importe de noter que le devoir n'est que distinct du plaisir et de l'intérêt, il ne leur est pas opposé — Seul le devoir donnera à notre personne une valeur absolue et des *droits* imprescriptibles Le droit est une puissance morale qui a pour origine notre libre arbitre et notre moralité

136 — La *vertu* renferme quatre éléments 1° conformité de nos actes au devoir, 2° habitude depuis longtemps contractée, 3° triomphe sur des obstacles, 4° mettre son bonheur dans l'accomplissement d'actes honnêtes La vertu admet des degrés et des espèces

137. — La *responsabilité* consiste en ce qu'un acte peut nous être attribué en lui-même ou dans ses conséquences Elle varie, comme le mérite et le démérite, d'après notre instruction, notre préméditation, l'importance du devoir et les difficultes La *sanction* est l'ensemble des peines ou des récompenses meritees par nos actes Elle assure l'execution de la loi morale Elle est ou individuelle et nous atteint dans le corps et dans l'âme, ou sociale, ou judiciaire Mais, ces trois sanctions étant insuffisantes, faillibles et incompletes, on admet encore la sanction d'outre-tombe

III — Les devoirs — Devoirs envers soi-même. sagesse, courage, tempérance — Devoirs envers nos semblables le droit et la justice; la charité.

138 — La morale personnelle renferme les *devoirs de l'homme envers lui même* Ils se ramènent tous au respect de soi-meme et au perfectionnement des trois facultes de l'ame La *sagesse* est la soumission à la raison, elle exige la reflexion et la culture intellectuelle Le *courage* est cette force d âme qui nous fait braver les perils nécessaires, tout en evitant les perils inutiles La *tempérance* est la moderation dans les desirs et la domination sur les passions On ne doit rechercher que la satisfaction des besoins naturels

139 — Au corps nous devons l'hygiene, la proprete et surtout la conservation Se tuer, c'est renoncer au devoir. Bien que parfois excusable, le *suicide* est plutôt un acte de faiblesse que de courage

140. — La morale sociale comprend l'ensemble de nos *devoirs envers nos semblables* Elle a pour base le respect du droit d'autrui et elle nous impose la pratique de la justice et de la charite La *justice* est le respect des egalites naturelles, lesquelles sont les droits à la vie, à la la liberte, à la propriete (142), a la bonne reputation, à la confiance en nos promesses et à la reconnaissance. La justice est obligatoire, absolue, negative, exigible.

141. — La *charité* est le remède aux inegalites necessaires. Elle est obligatoire, doublement relative, puis positive et non exigible Ses degres sont : la bienveillance, la bienfaisance, le devouement.

IV — Devoirs particuliers envers la famille. — L'éducation — Devoirs envers la patrie ; obéissance aux lois — L'éducation des enfants — L'impôt — Le vote — Le service militaire — Dévouement à la patrie.

142 — Le droit domestique renferme nos *devoirs envers la famille* Ce sont des devoirs de justice ou de charite. La famille repose sur trois bases le mariage, l'education des enfants et la propriete Le *mariage* est la vie en commun de l'homme et de la femme dans le triple but de s'aimer, de s'aider et de fonder une famille. La monogamie est moralement superieure à la polygamie, mais elle depend aussi de la richesse nationale L'*education* des enfants appartient de droit aux parents Elle se fonde sur la parente, sur les bienfaits des parents et sur leur bon exemple Elle doit être ferme et eclairée Quant à la *propriété*, elle a pour origine notre travail moral et personnel (147), elle est necessaire a l'entretien de la famille, elle a pour consequence legitime la transmission hereditaire.

143. — La *patrie* et l'*Etat* reposent sur l'unite des lois et sur un contrat tacite qui unit tous les citoyens en vue 1° des intérêts communs et 2° de la defense personnelle. L'Etat se maintient à l'aide d'un gouvernement dont le premier devoir est de respecter le droit que les citoyens ont à la justice. Il doit aussi veiller à l'honneur national, proteger les faibles, les mineurs et specialement les enfants contre la violence ou la negligence des tuteurs et des parents, surtout pour rendre l'instruction légalement obligatoire.

144 — Les *devoirs du citoyen* sont le respect des lois et des dépositaires de l'autorité, la participation aux charges de l'État, l'appui pour l'exécution des lois, la contribution à la défense du territoire, le vote impartial et éclairé Ces devoirs se résument dans le *dévouement* à la patrie, notre bienfaitrice

V — Des rapports de la morale et de l'économie politique. — Le travail, — Le capital — La propriété

145, — L'*économie politique* est la science de la richesse telle qu'elle apparaît, se développe ou diminue chez les peuples Il existe un rapport intime entre les lois de l'économie politique et les principes moraux, car la vraie richesse ne s'acquiert que par un travail honnête et patient, elle ne doit être répartie et distribuée que d'après le droit et la justice, on ne doit la consommer que conformément à la tempérance et à la sagesse.

146 — Pour qu'il y ait *production* d'une richesse utile, il faut que la nature fournisse une matière première, que l'homme la transforme par son *travail* et en s'aidant de ses semblables Dans cette transformation de la matière, le rôle de l'intelligence est considérable et presque désintéressé De plus, le travail doit se fragmenter à l'infini ce n'est pas le laboureur qui fait sa charrue. Ainsi divisé, le travail est mieux fait. Enfin, l'*épargne* est aussi un important moyen de production. En effet l'épargne devient le *capital*, lequel alimente les travaux préparatoires pour les grandes entreprises et sert à payer le salaire On distingue le capital fixe et engagé, tel que terres et usines, puis le capital circulant comme l'argent et les produits renouvelés

147 — L'épargne a aussi pour conséquence la *propriété*, soit mobilière, soit immobilière Le droit de propriété trouve son origine chronologique dans la première occupation son origine naturelle dans le besoin de conservation et d'extension individuelle, son origine morale dans notre travail honnête et personnel

148 — La *distribution* de la richesse a lieu par un echange qui se fait lui-même, soit par troc, soit par vente Cette distribution est ou autoritaire, comme dans les rapports du maître et de l'esclave, ou libre, comme dans le commerce ordinaire

Mais l'homme ne produit que pour *consommer* telle est la raison d'etre de toute production La consommation est ou reproductive, comme quand le cultivateur seme du ble, ou improductive, comme dans le cas d'un naufrage ou de la prodigalite

MÉTAPHYSIQUE

I — Eléments de métaphysique — De la valeur objective de la connaissance dogmatisme, scepticisme, idéalisme — De l'existence du monde extérieur

149 — La *métaphysique* est la science de l'essence de l'âme, de la matiere et de Dieu, elle est donc la science des premiers principes et des premieres causes Sur toutes choses elle depasse l'apparence sensible et cherche à fixer les attributs et les elements constitutifs des êtres La discussion de la certitude, du scepticisme et de l'idealisme fait aussi partie de la metaphysique on y détermine la *valeur objective* de la connaissance

150 — La *certitude* est l'adhesion ferme et complète de l'esprit à ce qu'il croit être la verite. Elle n'admet pas de degres, elle produit en nous le calme et la quietude. Elle est ou immédiate et fondamentale, ou médiate et dérivée Dans le premier cas, elle naît de l'exercice des cinq sens, de la conscience, de la raison, dans le second, elle est logique ou morale

151 *L'évidence* des choses ou des idées est le signe distinctif ou le critérium de la certitude légitime On appelle évidence la propriété qu'ont les choses et les idées de s'imposer à notre esprit L'évidence est sans degré, comme la certitude, et, comme elle, elle est immédiate ou médiate, avec les mêmes subdivisions, parmi lesquelles on remarque l'évidence morale, celle-ci est produite par l'histoire, par l'éloquence, la philosophie, la conversation, elle diffère des autres évidences par sa puissante action et sa durée variable

152 — On a proposé trois autres critéria de la certitude, le sens commun, le consentement unanime et le principe de contradiction Mais ils sont insuffisants et moins larges que la science humaine

153 — Au-dessous de la certitude se placent l'opinion et la conjecture, produites, l'une par la vraisemblance ou probabilité soit mathématique, soit morale, l'autre par la simple possibilité,

154, — Le *dogmatisme* est la doctrine philosophique qui admet que l'esprit humain peut arriver à la science. Il ne doit être ni intempérant ni autoritaire Il se fonde sur l'appréciation critique de nos trois facultés intellectuelles d'acquisition d'idées les cinq sens, la conscience, la raison (voir nos 54, 55, 59, 77, 81, 156, 157), il admet l'évidence comme critérium, il distingue la science de l'opinion, il fixe les règles de la méthode et donne les moyens d'éviter le sophisme

155 — Le *scepticisme* soutient que l'homme doit rester dans le doute, sans jamais rien affirmer. Pour les sceptiques, il est certain que rien n'est certain Les discussions des sophistes grecs ont préparé le scepticisme de Pyrrhon, dont la doctrine a été formulée par Ænésidème et par Sextus Empiricus.

156 — Le scepticisme peut être relatif et partiel alors son rôle est fort utile, mais le véritable scepticisme est absolu On y soutient que, tout variant dans le sujet et l'objet de la connaissance jamais l'esprit humain ne dépasse l'apparence et ne s'élève à une vérité toujours subsistante Cette double variabilité doit être contestée De plus, les sceptiques protestent à tort contre la certitude sous prétexte 1° que notre connaissance est bornée ou erronée, 2 que les cinq sens, les rêves et les hallucinations nous trompent, 3° que nos sens et la conscience ne sont pas d'accord avec la raison, d'où, d'après eux, des antinomies irréfutables, 4° que la raison ne peut démontrer ses propres principes On répond que notre science peut être bornée sans être nulle, qu'il ne faut exiger de chaque faculté intellectuelle que son rôle propre, et qu'enfin les principes rationnels n'ont pas besoin d'être démontrés (Voir nos 54, 55, 59 77 et 81.)

157 — L'*idéalisme* est la doctrine philosophique qui considère nos idées rationnelles soit 1° comme fondement de notre science, et en cela l'idéalisme est opposé au sensualisme et au scepticisme, soit 2° comme nous faisant atteindre par la pensée le principe et l'origine de l'être et de l'essence des choses, et en cela l'idéalisme est opposé au matérialisme et à l'athéisme

158. — Descartes, par sa théorie des idées innées, Leibniz*, par sa réponse à Locke, Kant en admettant l'innéité absolue, V. Cousin en rétablissant le cartésianisme, ont présenté l'idéalisme sous sa première forme. Platon, en distinguant le monde sensible du monde intelligible auquel le premier participe, Malebranche, par sa vision en Dieu, Berkeley en soutenant que la matière n'existe pas, Fichte en n'admettant que la réalité du moi, Hegel en prétendant que l'Absolu, conçu par la raison, est la seule et vraie réalité, ont professé l'idéalisme sous sa seconde forme.

* Voir l'analyse de ses Essais sur l'entendement.

159 — Bien que des apparences soient seulement atteintes par nos cinq sens, même par le toucher qui a cependant mérité d'être appelé le sens des réalités, nos sens ne nous trompent pas, nos sensations ont leur cause effective dans le *monde extérieur*, nos idées sensibles expriment exactement le rapport qui existe entre la matière et l'état de nos organes (Voir le n° 59)

II — De la nature en général diverses conceptions sur la matière et sur la vie — De l'âme matérialisme et spiritualisme

160 — Sur l'*essence de la matière*, la cosmologie rationnelle aboutit à quatre conceptions d'abord l'atomisme de Démocrite des corpuscules indivisibles se mouvant dans le vide, ensuite le mécanisme de Descartes la matière est étendue et divisible à l'infini, il n'y a pas de vide, puis l'hylozoïsme des stoïciens tout est vivant et animé, Dieu est l'âme du monde Enfin le monadisme de Leibniz (Voir plus loin *la Monadologie*)

161 — Sur la *vie*, les philosophes ont présenté les trois explications de l'organicisme, du vitalisme et de l'animisme 1° La vie serait une résultante, une combinaison spéciale de la matière, 2° la vie exige un germe animé, seule la matière ne produit qu'amas et juxtaposition d'éléments, 3° l'âme est productrice non seulement de la vie de la pensée, mais de la vie animale. Les deux dernières solutions concordent avec le spiritualisme

162 — En quoi consiste la réalité de *l'âme* ? Quelle est sa nature intime ? A ces difficiles questions deux réponses celle du spiritualisme, celle du matérialisme. D'après les spiritualistes, la distinction profonde des *faits* psychologiques et des faits physiologiques (Voir n° 15), fait déjà présumer la distinction de l'âme et du corps.

163. — Ensuite l'âme est distincte du corps par ses

attributs. Peut-être, comme l'a pensé Leibnitz dans sa *Monadologie*, les principes de la matière sont immatériels, mais ils n'en diffèrent pas moins profondément de la nature de l'âme : les éléments matériels sont des forces, mais des forces capables seulement de mouvement ; d'ailleurs elles sont inconscientes et dépourvues de raison, de libre arbitre et de personnalité. Au contraire l'âme est non seulement une force, mais elle est de plus une cause agissant d'après la finalité. Elle est un être distinct de tout autre et qui, se connaissant distinctement par lui-même, se distingue immédiatement du corps.

164. — L'âme est I *immatérielle*, c'est-à-dire 1° une et indivisible : les opérations de l'intelligence et de la volonté exigent l'unité ; 2° identique : l'identité est pour l'âme l'unité permanente attestée par la conscience, produite et exigée par la mémoire et la responsabilité. Au contraire le corps n'est ni un ni identique. L'âme est II *spirituelle*, c'est-à-dire supérieure au corps, vu qu'elle est 1° consciente, 2° raisonnable, 3° libre et personnelle, capable de vice et de vertu. — Ainsi l'*âme* est une force une, simple et identique, une substance douée de conscience, de raison et de liberté.

165. — Le *matérialisme* se présente sous deux formules :

1° L'âme est une collection de sensations ; elle est la série des faits psychologiques et la trame de ses événements intimes. Mais on répond que percevoir les phénomènes, c'est atteindre leur cause génératrice, leur substance, car l'effet reflète sa cause.

2° Le moi est une fonction des organes et spécialement du cerveau ; à la suite de transformations successives, la matière produit la pensée et la liberté morale. On répond qu'on explique ainsi le plus par le moins, c'est-à-dire la pensée par ce qui n'en est pas doué, le libre arbitre par la nécessité. En outre le cerveau peut bien être la condition actuelle de la pensée, mais, vu sa multiplicité et son changement incessant, il n'en peut être la cause efficiente

166. — Sur l'*union de l'âme et du corps*, on signale les hypothèses cartésiennes des esprits animaux, des causes occasionnelles et de l harmonie préétablie mais elles nient l'union qu'elles prétendent expliquer Mieux vaut dire que l'âme, répandue dans tout le corps, lui est partout présente et qu'il y a entre le corps et l ame l'action et la réaction mutuelles d'une force consciente et raisonnable sur des forces aveugles, inconscientes et soumises à la nécessité

III. — Dieu la Providence — Le problème du mal

167. — En métaphysique on se demande encore si l'univers se suffit et s'il n'a pas en dehors de lui une cause suprême et créatrice Cette question constitue l'application la plus importante du principe de causalité C est l'objet de la *Théologie rationnelle* ou science de Dieu et de ses attributs Toutes les *preuves de l'existence de Dieu* sont métaphysiques, car toutes elles supposent une notion rationnelle et se rapportent à un être qu'on ne voit pas Mais, outre les preuves purement métaphysiques, on distingue les preuves physiques et historiques, selon que certaine donnée vient s'ajouter à la notion rationnelle

168. — 1° Argument de l'être nécessaire si l'on suppose qu'à un moment quelconque rien n'existe, éternellement rien ne sera, or quelque chose existe, donc quelque chose a toujours existé, et c'est Dieu.

2° Argument téléologique fondé sur les lois de l'univers et sur la finalité qui apparaît dans la nature Cette finalité révèle un dessein formé, une intelligence réglée, celle de Dieu. Il faut rejeter la finalité externe ou d'usage et n'admettre que la finalité interne qui se manifeste dans les êtres organisés et dans la destinée actuelle ou future des êtres moraux.

3° Argum du 1er moteur tout se meut dans l'univers, or d'une part la matière ne possède pas la force initiale du mouvement, car elle est inerte par essence, et d'autre part tout mouvement nécessite un moteur premier, qui est Dieu

169 — La preuve historique repose sur la valeur de l'unanimité des peuples à croire en Dieu c'est un fait social important, incontestable, c'est une loi de notre raison

170 — Les preuves métaphysiques se fondent sur la présence en notre esprit des idées rationnelles

1° Si Dieu est pensé il faut qu'il soit En effet les idées rationnelles s'imposent à notre intelligence, elles sont innées et indépendantes de la réflexion individuelle et elles ont, comme toute idée, une valeur objective Or, quel est cet objet, cause en nous des idées d'infini et de parfait, sinon Dieu, être réel et porteur des attributs de l'infinitude et de la perfection ?

2° Si le monde physique a ses lois, l'âme humaine a la sienne aussi, elle peut s'y soustraire, mais elle la conçoit néanmoins comme obligatoire Le devoir n'est pas d'invention humaine, car notre volonté ne peut se lier elle même. L'impératif catégorique a donc pour origine non seulement la nature des choses et des êtres, non seulement la raison partout répandue, mais un suprême législateur qui ordonne et défend, qui punit et récompense

3° On peut encore avec saint Anselme et Descartes, remarquer que la perfection implique logiquement l'existence de l'être parfait

171 — Les *attributs de Dieu* sont les manières d'être que nous concevons en lui Ils sont métaphysiques ou moraux et dérivent, à titre de conséquences, de l'infinitude et de la perfection. Les premiers sont l'unité, la simplicité, l'immutabilité, l'éternité et l'immensité Les attributs moraux de Dieu sont une intelligence qui se pense elle-même et qui connaît le monde sans participer à sa contingence, une volonté absolument libre et créatrice sans matière coéternelle, une félicité infinie, exempte de désirs et de joies succédant à des peines Avec la sagesse, la justice et la bonté expansive, ces attributs constituent la Providence

172 — La *Providence* est l'action éclairée, efficace et bienfaisante que Dieu exerce sur le monde et sur l'homme, par elle il dirige, tant dans l'ordre moral que dans l'ordre physique, tous les êtres vers leur destinée Cette action s'opère d'une manière générale

173 — Mais, a-t-on objecté, Dieu n'est ni tout puissant, ni juste ni bon, puisque dans le monde un certain désordre apparaît, puisque l'homme même innocent est exposé à la douleur physique et morale, puisqu'enfin nous pouvons faillir et mériter par nos fautes un châtiment inévitable

174 — On répond que le monde et l'homme sont des créatures que leur contingence et leur imperfection nous ont précisément portés à conclure l'existence d'un Dieu tout-puissant, leur raison première et dernière Ce que nous jugeons être désordonné dans l'univers physique est explicable par des lois d'ensemble qui nous échappent. Sans doute la douleur physique et morale ne saurait être niée, mais elle est la conséquence de la contingence En outre la douleur et la peine sont les conditions de notre valeur intellectuelle et morale Enfin on accuse Dieu même de nos fautes, de notre faillibilité c'est lui reprocher de nous avoir faits libres et capables de vertu. Le mérite aurait-il été possible, si le bien n'avait rien coûté ou si nous n'avions pu faillir? Ne professons donc ni le pessimisme, ni l'indifférentisme, mais un optismisme sage et modéré

175 — Mais il importe surtout de décider si Dieu se confond avec l'univers ou s'il en est distinct Il faut choisir entre le *panthéisme* et le théisme. Les panthéistes prétendent que Dieu est le monde à l'état d'enveloppement et que le monde est Dieu à l'état de développement et de manifestation Mais on objecte aux panthéistes que leur Dieu n'est point parfait, vu qu'il n'est ni un, ni simple, ni immuable, ni providentiel et libre, et que la nécessité de sa nature entraîne la négation de notre propre personnalité.

IV — L'immortalité de l'âme — La religion naturelle

170 — La question relative à notre *destinée future* est double et s'énonce ainsi

1° La substance de notre âme pourra-t-elle exister encore au delà de la tombe ?

2° Notre personnalité individuelle persistera-t-elle après la mort avec conscience, souvenir, et l'*immortalité* peut-elle être espérée ?

1° L'âme étant spirituelle (163-164) et seulement associée au corps, peut subsister sans lui Le corps lui-même ne périt pas dans ses éléments constitutifs, tout dans la nature se conserve sous une forme ou sous une autre, une vie future pour la substance de notre âme est donc non seulement possible, mais conforme à tout ce que nous savons

2° L'âme humaine, vertueuse ou coupable, doit survivre à la désorganisation corporelle, car elle est sujette du devoir Au delà du tombeau notre vertu nous devance Le droit exige impérieusement cette survivance, car aucune des peines et des récompenses actuelles ne suffit à la satisfaction de la justice L'homme de bien est souvent et longtemps malheureux, c'est la condition de la vertu Une vertu facile disparaîtrait par le fait, et cependant le droit au bonheur est imprescriptible et oblige Dieu lui-même dont nous avons démontré la Providence

3° Enfin si l'aspiration de toute notre nature vers le beau, vers le bien et le vrai absolus ne devait pas être satisfaite, si notre âme, une fois parvenue au rang d'esprit conscient, libre et raisonnable, devait déchoir ou être anéantie, l'homme serait un être incompréhensible, contradictoire, indigne de Dieu

177 — La *religion naturelle* est l'ensemble des croyances et des sentiments qui sont communs à toutes les religions, qui les fondent et qui les justifient Ces sentiments constituent le culte intérieur la nature et les attributs de Dieu étant tels que nous l'avons indiqué plus haut, une Providence, au moins générale, étant incontestable, il en résulte que l'homme doit à Dieu l'adoration, l'obéissance et la résignation, la reconnaissance et l'amour

178 — Les cultes extérieurs varient, les dogmes se transforment peu à peu, mais la religion naturelle lien commun de toutes les théologies, résultat complexe de toutes les facultés de notre âme, subsiste toujours la religion est immortelle comme la raison, comme la douleur.

HISTOIRE DE LA PHILOSOPHIE

ET ANALYSES DES AUTEURS

L'*histoire de la philosophie* a pour objet l'ensemble des principales opinions qui ont été soutenues sur l'essence des choses matérielles, sur l'âme et sur Dieu On doit d'abord examiner ces opinions en elles-mêmes, apprécier leur vérité même relative, puis les critiquer en les comparant à d'autres et en indiquant leur origine et leurs conséquences

On distingue *trois époques* 1° Philosophie grecque et latine, de Thalès de Milet à l'école d'Alexandrie, 2° philosophie scolastique commençant aux écoles fondées par

Charlemagne jusques et y compris le XVIe siècle, 3° philosophie moderne depuis Bacon et Descartes jusqu'à nos jours

Philosophie ancienne

I — Avant Socrate, l'*école ionienne* agita la question du principe de l'homme rattachée à celle du principe de toutes choses, mais sa méthode toute physique et empirique ne lui fit atteindre que les éléments constitutifs des choses et non leur principe d'existence Pour Thalès (600 ans av J.-C) l'univers a d'abord été de l'eau hypothèse fondée sur le souvenir du déluge, et acceptée en partie par les géologues Pour Anaximène, la substance universelle a essentiellement la forme et la nature de l'air, mais Anaximandre a pensé que c'était quelque chose de moins déterminé, une sorte de fluide intermédiaire entre l'air et l'eau D'après Héraclite, tout est mobile et se transforme rapidement ou lentement Et ce changement incessant ressemble à une combustion, donc c'est une substance ignée qui, présidant à cette mobilité, produit et détruit tous les êtres individuels La vie de l'univers et des organismes est une harmonie qui n'exclut ni l'opposition ni la guerre, Héraclite a même dit que la guerre était la mère de toutes choses * Notre âme est une étincelle du feu pur et intelligent qui partout répand l'harmonie et la variété

L'*école atomistique* marque le progrès de l'école précédente, d'après Leucippe les principes de toutes choses sont le vide, les atomes et le mouvement, par là sont expliqués soit les éléments primitifs, soit les phénomènes observés Démocrite admet que l'âme humaine est consti-

* Voir notre livre sur la Guerre, ses lois, son influence civilisatrice sa perpétuité Ouvrage recommandé par M le Ministre de la Guerre — Tournéau, éditeur, 18, passage de la Sorbonne, Paris Prix 3 fr

tuée par des atomes doués naturellement de mouvement et qui sont ignés et ronds. Elle reçoit les effluves ou images émanées des objets qui l'entourent, c'est ainsi qu'elle sent et connaît.

L'école italique fut fondée à Crotone, dans le Brutium, par Pythagore de Samos et Timée de Locres (584). Elle donna naissance à un grand nombre d'instituts où l'on vivait en communauté, recherchant la science et pratiquant la vertu. Suivant ces philosophes, qui furent surtout des mathématiciens, les nombres sont les principes des choses, et en effet on peut exprimer par des notations numériques la combinaison des éléments constitutifs. Dès lors les lois des nombres sont les lois de l'univers. Dieu est l'unité parfaite, l'être simple et immobile par essence. L'âme humaine est aussi une substance une et simple, elle subit la loi de migrations et d'épreuves successives.

Xénophane de Colophon (530) et *Parménide* d'Elée aboutirent au panthéisme, ils conçurent le monde comme un seul être, infini, éternel et immuable. la variété, le changement ne sont qu'apparents, pas de vide donc pas de mouvement réel.

Anaxagore de Clazomène (500) mérite un rang à part. Il compléta la doctrine d'Héraclite et regarda le monde comme résultant de combinaisons mécaniques, explication reproduite par Descartes. Les éléments constitutifs de tout sont des homœoméries ou parties similaires, elles existaient d'abord sous la forme chaotique que fit peu à peu cesser l'influence toute-puissante d'un premier principe intelligent. Le mécanisme d'Anaxagore n'excluait donc pas de l'univers une pensée suprême et directrice.

En présence de ces diverses solutions prématurées sur l'âme, sur Dieu et sur la philosophie de la nature, les sophistes Gorgias de Leontium (450), Protagoras d'Abdère, Hippias d'Elis, Critias d'Athènes, soutinrent qu'elles étaient vraies, mais relativement, tout est vrai, disaient-ils, pour qui sait le soutenir. Habiles à parler, les sophistes jouaient sur tout, soit en niant, soit en affirmant, car tout était controversé Gorgias prétend que le non-moi ne peut être connu dans sa realité positive et essentielle, vu la différence du sujet et de l'objet. De plus les principes de morale n'ont, dit-il, rien d'absolu

II. — *Socrate* (470-400), par un enseignement public et familier, changea profondément la methode de ses devanciers Il vecut et mourut en apôtre. Il detourna les esprits des jeunes gens des recherches ambitieuses sur l'essence et le principe des choses, pour les attacher à l'étude de l'homme Aux doctrines presentees avant lui il opposait parfois un doute railleur « Ce que je sais le « mieux, disait il, c est que je ne sais rien » Il fondait toute la philosophie sur la connaissance de nous-mêmes, et, par des questions habilement posées, il retrouvait les principes absolus qu'avaient nies les sophistes, car au-dessus des lois ecrites il plaçait une loi non ecrite, naturelle et divine Il insistait surtout sur la pratique de cinq vertus la sagesse, le courage, la temperance, la justice et la piete Il demontrait Dieu par les causes finales, et il enseignait que la cause premiere de l'univers n'est ni purement physique ni seulement intellectuelle, mais qu'elle est morale et providentielle

Bien que sa conduite offre quelques bizarreries, bien qu'il ait cru s'entretenir avec un démon familier, il est excessif d'admettre qu'il ait ete hallucine Sa mort nous présente un beau spectacle, celui d'un sage qui reste calme devant le trepas, celui d'un grand citoyen qui veut obeir aux lois, même quand elles le frappent injustement. (Voir plus loin l'analyse du Ier livre des *Mémoires* de Xénophon)

De l'enseignement de Socrate sortirent d'abord l'*école cynique* (Antisthene et Diogene 340), qui ramenait tous les devoirs de l'homme à suivre la nature et à s'affranchir des besoins creés par la civilisation, puis l'*école cyré-*

naïque (Aristippe de Cyrène), qui mit toute la morale dans la recherche du plaisir actuel et immédiat, enfin *l'école pyrrhonienne* (Pyrrhon d'Elis, 290), qui professa le scepticisme absolu

Mais l'enseignement de Socrate donna aussi naissance à des systemes plus complets celui de *Platon* d'Athenes (430-348) et celui d'*Aristote* de Stagyre (384-322) Platon fonda l'Académie. Il soutint contre les sophistes que la science humaine peut depasser les notions sensibles et relatives, en s'elevant, par la dialectique et par une generalisation inductive, aux caractères communs des êtres et des individus nous atteignons ainsi leur essence, leur idee ou idéal, type de perfection qui subsistant dans l'intelligence de Dieu et la constituant, est cause de l'existence de toutes choses Des lors il y a deux mondes et deux realites dans l'univers le monde sensible, variable, changeant, puis le monde intelligible auquel le premier participe et ressemble il en est une copie. Pour Platon, Dieu est le Bien, la Bonté suprême, but final de tous nos desirs et auquel notre volonté tend necessairement Dieu est aussi une Providence qui organise tout en vue du meilleur, mais dont Platon n'admet pas nettement la puissance creatrice Dans notre âme se trouve une partie supérieure et seule immortelle La vertu est la conformite de l'âme aux idées, à l'ideal. La morale platonicienne, trop paradoxale en politique et ne reconnaissant pas assez la liberte individuelle, a pour précepte fondamental la ressemblance à Dieu. — A Platon succeda Speusippe, son neveu.

Resumons ici quelques dialogues de Platon Dans le premier Alcibiade, Socrate explique au neveu de Periclès que l'ambition ne l'autorise pas suffisamment à gouverner l'Etat. Il lui faudrait des connaissances positives sur la politique, sur les intérêts d'Athènes Or, à la suite d'habiles questions, Alcibiade avoue qu'il sait à peine en quoi consistent le juste et l'injuste, base de tout discours : qu'il se connaisse donc lui-même et qu'il acquière d'abord la vertu.

Dans le Gorgias, Socrate demande qu'on lui definisse la rhétorique Gorgias admet qu'elle est fondee sur la justice Mais le sophiste Polus n'y voit qu'un moyen de dominer l'Etat et d'acquerir des richesses Socrate declare qu'elle n'est alors qu'une routine pernicieuse, fille de la flatterie Calliclès survient et fait entendre à Socrate que la justice n'est qu'une affaire de convention et qu'il aura sans doute besoin de recourir à l'eloquence des sophistes pour se defendre quand il sera accusé. Mais Socrate répond qu'il n'y recourra jamais, car il aime mieux subir l injustice que de la commettre, et il termine en rappelant que l'eloquence ne doit se mettre qu'au service de l'honnêtete

Dans le Phedon la discussion s'engage entre Socrate (dont la mort est proche), Cebès et Simmias sur l'immortalite de l'âme la presence en notre âme de la raison et de la moralité revele en elle une nature superieure qui nous autorise à esperer une vie future. D'ailleurs dans l'univers rien n'est anéanti, tout se transforme De plus l'âme n'est pas l'ensemble des elements materiels, elle n'est pas une resultante, comme est l harmonie de la lyre, elle est simple, indissoluble, elle commande au corps, elle est principe de vie et source de l'être.

La Republique a pour objet la justice et la constitution d'un Etat ideal Pour que l'union et l'équite règnent entre les citoyens, Platon pense qu'il importe de veiller à l'education de la jeunesse et surtout des guerriers et des magistrats L'enseignement doit être simple, direct, pas trop poétique Il faut aussi abolir la propriete individuelle, car elle oppose les riches aux pauvres La pauvrete rendra les magistrats prudents et intègres, les guerriers courageux et temperants D'autre part ce sont les meilleurs qui doivent commander, il faudrait que les princes fussent de bons et vrais philosophes, qu'ils fussent instruits et que, s'arrachant aux apparences sensibles, ils ne ressemblassent plus à des prisonniers qui ne connaîtraient que les ombres et les fantômes qui se reflètent dans le fond d'une caverne

Par cette education, on echappera sûrement aux quatre gouvernements mauvais qui, succédant au gouvernement des meilleurs, s'engendrent par une loi necessaire ce sont la timocratie fondée sur l'ambition et la rivalite, l'oligarchie ou l'on ne recherche que l'argent, la democratie ou regne la licence et enfin la tyrannie que deshonore la cruauté (Voir plus loin l analyse du 6e livre)

Aristote fonda le Lycee et fut un rival pour Platon, son maître Sa psychologie n'a point pour objet special l'ame humaine, mais le principe qui produit la vegétation dans la plante, la vie dans l'animal et la pensee dans l'homme en ce dernier seul apparaît l'entendement avec des vérités universelles et l'idee de Dieu En fait, nous avons deux âmes, l'une pour la vie et l'activite personnelle, l'autre pour la pensee, cette derniere seule est immortelle, elle vient de Dieu, y retourne, mais ne constitue pas notre personnalite, notre ame personnelle est perissable Aristote n'a pas nettement reconnu la conscience, mais il a mieux que Platon decrit le libre arbitre

Il a créé la logique, bien qu'elle ne soit guère pour lui que l'art de la deduction, on lui doit la theorie du syllogisme Elle est exposee dans les Analytiques, qui sont la 3e partie de sa logique Ils ont pour objet l'analyse des élements essentiels qui constituent la deduction et la démonstration Les premiers analytiques contiennent les règles genérales du syllogisme, des remarques sur la recherche du moyen terme, sur la maniere de retourner les propositions et les termes, l'etude de la conclusion et de certaines varietés du syllogisme Dans les seconds analytiques il est question de la demonstration, de ses eléments et de l'origine des premiers principes

Sa morale est plutôt descriptive que legislatrice, pour

lui, faire passer toutes nos facultés de la puissance à l'acte, les développer complètement et simultanément, arriver au bonheur par la science, tel est son principe Nos deux âmes donnent naissance à deux sortes de vertus 1° les vertus morales, pratiques, actives et personnelles : tempérance, courage, justice, etc , elles sont un juste milieu; 2° au-dessus se place la vertu contemplative, la vertu de la raison, la sagesse et la science, but et prix des vertus pratiques

Il a composé trois traités de morale, dont le plus important est dédié à son fils Nicomaque. Il a pour objet la théorie du bien et du bonheur obtenu par la vertu, la définition de la vertu et des vertus, les unes morales courage, temperance, libéralite, magnanimite, justice, les autres intellectuelles prudence, sagesse et contemplation Puis aux livres 8e et 9e se trouve une étude sur l'amitié, sur les affections sociales et politiques l'amitié, dit-il, est une sorte de vertu, ou du moins elle est toujours escortée de la vertu Elle est un des besoins de la vie, car nul n'accepterait de vivre sans amis Le bien et l'honnête d'abord, le plaisir ensuite, enfin l'interêt sont les trois causes de l'amitie, mais celle qu'inspire la vertu est la plus parfaite, la plus solide et la plus rare Pour former des liens si intimes, il faut du temps, de l habitude, un parfait accord de caractère et aussi la vie commune. L'amitie nous rend égaux et elle consiste plutôt à aimer qu'à être aime Mais toutes les amitiés particulières ne sont que des parties de la grande association politique Or on constate trois especes de constitutions la royauté qui souvent degènère en tyrannie égoïste et cruelle, l'aristocratie qui devient oligarchie par la cupidité des chefs, enfin la timocratie ou démocratie qui, par l'abus de la liberte, se transforme en demagogie. — (Voir plus loin l'analyse du 10e livre)

Aristote a aussi fonde la métaphysique ou philosophie première, science de l'être et de l'essence des choses

Comme Platon il reconnait l'entendement et la raison, mais il rejette la doctrine platonicienne de la réminiscence et des Idées Il n'est cependant pas sensualiste Pour l'explication scientifique de tout être, il admet quatre principes ou causes, deux internes, deux externes 1° La matière inerte et sans attributs, l'être à l'etat de possibilité indéfinie, 2° la forme, c'est-à dire l'essence intime qui donne la forme à la matière, 3° la cause efficiente qui produit le changement par un effort, 4° la cause finale, but et motif du changement — Dieu est pour Aristote le suprême Desirable, seule activité pure, seule energie sans matière, cause première, motrice et immobile. Mais Aristote n'admet pas la Providence, car son Dieu ne connaît pas l'univers, notre monde et nous tendons vers lui comme vers notre fin dernière — Aristote eut pour successeur Théophraste, l'auteur des Caractères.

III. — Après Socrate, Platon et Aristote parut l'école épicurienne fondee par *Epicure* d'Athènes (337-270) et Métrodore (260) Epicure enseigna une philosophie pratique dont la morale fut un progrès sur la doctrine d'Aristippe Il divisait son enseignement en trois parties, canonique ou logique, physique, morale En logique, il ne veut qu'un petit nombre de règles, pour lui, la vérite repose sur trois bases, les sensations ou notions particulieres, les anticipations ou propositions generales, puis les passions Comme Democrite, il est sensualiste, il déclare que jamais les sens ne nous trompent, et que l'evidence sensible est le critérium de la certitude Quant aux passions, elles nous indiquent tout ce qu'il faut faire ou éviter. La physique épicurienne est aussi empruntée à Démocrite tout l'univers s'explique par les atomes, le vide et le mouvement. Une aveugle nécessité a produit le monde tel qu'il nous apparaît Les atomes ou elements constitutifs ont forme et solidité, ils sont indivisibles et doues de trois sortes de mouvement dont la principale est le mouvement oscillatoire, mais l'atome peut aussi échapper à la nécessité mécanique par un mouvement de déviation et d'inclinaison. Toutefois, les épicuriens ont insuffisamment compris et défini le libre arbitre L'âme en effet est corporelle et constituée par des atomes ronds et mobiles, elle est principe de mouvement et de chaleur, mais elle se dissout avec le corps. Ne craignons donc pas les supplices du Tartare, n'espérons pas la vie heureuse des Champs-Elysées S'il y a des dieux, ils ne prennent aucun soin particulier des affaires humaines

La morale épicurienne est la conséquence de ces prémisses ne recherchons pas le plaisir immédiat et actuel, car trop souvent il nuit le souverain bien est la plus grande somme de bien-être egoïste avec le moins de douleur possible. Aussi la première vertu est elle la prudence Elle nous permet de reconnaître 1° les désirs naturels et nécessaires : il faut les suivre, 2° les désirs naturels, mais non nécessaires il faut les contenir, 3° les désirs factices on doit les réprimer Dans ce système, toutes les vertus socratiques sont conseillées, mais à titre de moyens pour arriver à la paix de l'âme — La doctrine d'Epicure a été célébrée par Lucrèce, dont nous analysons plus loin une partie de l'ouvrage, et reprise par l'abbé Gassendi, au XVIIe siècle, dans son *Syntagma philosophiæ Epicuri*

Presque à la même époque, les *stoïciens*, *Zénon* de Citium (340), *Cléanthe*, et plus tard *Chrysippe* réagirent contre l'épicurisme Ils divisent aussi la philosophie en logique, physique et morale En logique, ils sont dogmatiques, mais pas idéalistes à la manière de Platon Leur physique consiste en ce qu'ils ont conçu l'univers comme formé de deux principes, l'un passif, la matière indéterminée, l'autre actif, sorte de force intelligente toujours tendue dans la matière et agissant de l'intérieur à l'extérieur Cette raison inhérente à l'univers, c'est l'âme du monde, c'est Dieu même partout présent, et notre âme est divine, car elle est une parcelle de l'âme du monde Dieu est à la fois l'immuable destin et la Providence qui gouverne tout. Rien n'est donc livré au hasard. Le premier précepte autorisé par cette doctrine fut que l'homme doit s'identifier avec l'ordre universel et suivre les lois de la nature, même quand elles sont rigoureuses, même quand elles nous imposent la perte de nos biens, de notre santé, de nos proches Mais, comme ces lois de la nature sont elles-mêmes conformes à la raison, il en résulte que suivre la nature revient à se soumettre à la raison Dès lors où sera le souverain bien ? ni dans le plaisir, ni dans l'intérêt egoïste, mais dans l'obeissance volontaire au devoir que commande la raison Seneque, dans son traité sur la Vie heureuse, le dit avec éloquence « Gardons-nous d'associer la vertu et la volupte La premiere est quelque chose de grand, de sublime, d'invincible, la seconde est chose basse, servile, impuissante, et qu'on rencontre dans les tavernes » Plus loin, il ajoute « L'honnête seul fait partie de l'honnete, et le souverain bien perd sa purete, s'il s'allie à quelque chose d'un moindre prix » La vertu stoïcienne est donc eminemment desintéressée et elle suffit au bonheur du sage De ces principes sortent, à titre de consequences legitimes, les célèbres paradoxes que voici Supporte et abstiens-toi, ne recherche que les biens qui dépendent de toi, le sage seul est libre, seul riche, seul heureux Otez au sage ses richesses, tous ses vrais biens lui resteront.

Ces fieres maximes exercerent la plus puissante influence sur l'esprit public et sur la legislation De la Grece, le stoïcisme passa à Rome, il s'y crea de nombreux et fervents adeptes, de lui relèvent Ciceron*, Séneque, Epictète et Marc-Aurele Plus loin, nous analysons quelques-unes de leurs œuvres Il importe même de remarquer que ces quatre philosophes, auxquels il convient d'ajouter

* Toutefois, en dehors de la Morale, Cicéron admit le probabilisme de la seconde Académie sur l'âme et sur Dieu

Lucrèce, constituent presque toute la *philosophie latine*. Elle fut peu originale

Signalons encore dans les premiers siècles de l'ère chrétienne de grands penseurs qui s'illustrèrent dans la philosophie, tels sont saint Clement d'Alexandrie, saint Augustin, Philon, et surtout les néoplatoniciens Plotin et Porphyre, dans leur mysticisme, ils enseignèrent que Dieu est constitue par trois hypostases ou personnes divines.

AUTEURS GRECS *

Xénophon Mémorables, livre 1er

Xenophon, celebre historien et moraliste grec, naquit près d'Athenes en 445 av J-C Disciple de Socrate, il composa le *Banquet*, les *Devoirs d'un roi*, l'*Apologie de Socrate*, puis les *Entretiens mémorables* ou *Mémoires sur Socrate*

Les *Mémoires sur Socrate* se divisent en quatre livres Dans le premier, l'auteur ne montre Socrate que dans le rôle d'homme prive On l'accusa, dit Xénophon, de mepriser les dieux de l'État, et pourtant il offrait des sacrifices ouvertement, il admettait même la divination, il croyait à une providence divine qui s'occupe des choses humaines, enfin ni ses actes ni ses paroles ne furent impies. En second lieu, on accusa Socrate de corrompre la jeunesse, cependant ses leçons eurent constamment pour but de diriger ses disciples vers la vertu Si quelques-uns d'entre eux, tels qu'Alcibiade et Critias, ont fait le plus

* Les candidats feront bien d'étudier les analyses de tous les auteurs sans exception, car, à l'examen écrit, beaucoup de dissertations sont tirées de ces ouvrages C'est à l'examen oral seulement qu'on n'est interrogé que sur quatre textes choisis

grand mal à leur patrie, c'est qu'ils n'ont suivi ni son exemple ni ses conseils. C'est à ces hommes eux-mêmes qu'il convient de reprocher leurs vices, leurs folies ou leurs crimes. Bien plus, il les combattait dans leurs projets, il les bravait quand ils exerçaient injustement le pouvoir. Mais ses autres disciples, Criton, Phédon, Cebès, ont appris de lui à pratiquer leurs devoirs envers leurs parents, leurs amis, leurs serviteurs et leur patrie. C'est par de tels disciples qu'il serait équitable de juger Socrate ; considérons donc sa vie entière. Elle a (ch. III) servi d'exemple à ceux qui en furent témoins. Ses prières étaient simples : il demandait aux dieux de lui accorder ce qui est bon, persuadé qu'ils connaissent nos véritables avantages. C'était, pensait-il, une indiscrétion de demander aux dieux la richesse ou la puissance suprême.

Dans un dialogue avec Aristodème (ch. IV), Socrate expose l'argument téléologique de l'existence des dieux ; il y déclare qu'il est raisonnable d'attribuer à une intelligence les ouvrages qui ont un but d'utilité ; les organes des sens, l'instinct des animaux, le penchant des mères à nourrir leurs enfants, tout cela ne révèle-t-il pas les soins d'un ouvrier qui voulait que les animaux existassent ? Comment n'y aurait-il pas d'intelligence hors de l'homme, alors qu'il en est doué. Quoi ! vous jugeriez les dieux indifférents, eux qui ont mis tant de proportion dans tout notre être ? Socrate se plaisait aussi (ch. V) à mettre en relief les avantages de la tempérance. Si nous étions arrivés à notre dernière heure, disait-il, confierions-nous nos enfants à un tuteur intempérant ? De même nous chasserions un esclave débauché ; ne lui ressemblons donc pas nous-mêmes ?

Signalons encore l'entretien (ch. VI) qu'il eut avec le sophiste Antiphon. Cet Antiphon vint un jour le voir et lui parla ainsi : « Je croyais, Socrate, que la philosophie rendait heureux ? Cependant un esclave, nourri comme toi, ne resterait pas chez son maître. Tu fais usage des mets les plus grossiers et des plus viles boissons. Tu es couvert d'un méchant manteau qui te sert hiver comme été, et même tu n'as ni chaussure ni tunique. D'ailleurs tu refuses de l'argent — Mais, reprit Socrate, ceux qui reçoivent de l'argent sont obligés de remplir la condition sous laquelle ils obtiennent un salaire Mais moi qui n'en reçois pas, je ne suis pas force de m'entretenir avec ceux qui me deplaisent Tu meprises mes aliments, mais ignores tu qu'avec un bon appetit on n'a pas besoin d'assaisonnement, et que celui qui boit avec plaisir ne songe même pas aux boissons qu'il n'a pas ? Pour les vêtements, me vis tu jamais retenu à la maison par le froid, ou, durant la chaleur, disputant l'ombrage à quelqu'un ? Si je ne suis pas esclave de la bonne chère, c'est que je connais d'autres plaisirs plus doux et plus nobles Les delices, la magnificence, voilà ce que vous appelez le bonheur, pour moi, je crois qu'il n'appartient qu'à la Divinité de n'avoir besoin de rien, et c'est en approcher que d'avoir besoin de peu

Platon · le VIe livre de la République

Platon, né dans l'ile d'Egine vers 430, s'inspira surtout de l'enseignement de Socrate Il fonda l'Academie à Athènes Il a compose des dialogues celebres le *Phèdre*, le *Gorgias*, le *Criton*, le *Phédon*, la *République*, les *Lois*, etc.

Dans le sixieme livre de la *République*, Socrate, en présence de Glaucon et d'Adimante, cherche à prouver que les gouvernements ne seront parfaits que si les philosophes consentent à devenir rois Le sage en effet s'élève à la connaissance du Bien, principe immuable des choses, il serait donc capable de veiller à la garde des institutions, il saurait fixer ce qui est honnête, car il aime avec passion la science qui seule peut lui devoiler l'essence éternelle et creatrice de l'univers Aussi a-t-il horreur de ce qui est faux. En outre il est tempérant et sans cupidité, jamais il n'est farouche et intraitable, toujours il fait preuve de douceur et d'équité. Son âme est pleine de mesure.

Peut-être remarquera-t-on que les philosophes sont, en fait, inutiles à l'État, mais il faut s'en prendre à ceux qui ne les emploient pas. Le sage, en effet, ne fait pas consister la sagesse à connaître les caprices de la multitude, il lui faut de meilleures raisons, c'est donc une nécessité qu'il soit blâmé par le peuple. Souvent aussi une âme, bien douée naturellement, celle d'Alcibiade par exemple, se laisse séduire par les flatteurs et par les folles espérances, le vain orgueil en chasse la raison et livre la sagesse au mépris public. Il arrive encore que des âmes indignes ne cherchent dans la philosophie que les vaines raisons et les sophismes, d'où il résulte que le nombre de ceux qui font estimer la philosophie reste bien petit.

De tous les gouvernements qui existent, nul ne convient peut-être à la philosophie, toutefois si on transplante le vrai philosophe dans un bon gouvernement, alors on verra qu'il renferme en lui quelque chose de vraiment divin. Aussi ne faut-il point s'attendre à voir d'État parfait, à moins qu'une heureuse nécessité ne contraigne ce petit nombre de philosophes qu'on accuse d'être inutiles, à se charger du gouvernement. Alors, au lieu de se borner à former son caractère personnel, le sage entreprendrait de faire régner dans les mœurs publiques l'ordre, la justice, la tempérance.

Voyons maintenant à l'aide de quelles sciences et de quels exercices se formera cet homme capable de maintenir la constitution de l'État. Il lui faudra une heureuse mémoire, un esprit pénétrant, une imagination vive et aussi l'ordre, le calme et la constance. En outre, il devra passer par des travaux et des dangers, puis s'exercer dans un grand nombre de sciences. Surtout il s'élèvera par la dialectique, à la science supérieure et première dont l'idée de Bien est l'objet principal. De cette idée de Bien viennent la justice et les autres vertus, mais non pas le plaisir, car il y a des plaisirs mauvais. C'est ce Bien que toute ame poursuit, mais avec incertitude et sans comprendre nettement sa nature. Ce que le soleil est dans la sphere visible par rapport à la vue, le bien l'est dans la sphere intelligible par rapport à l'intelligence. L'idee de Bien est donc le principe de la science et de la verité, mais elle leur est superieure, car on peut regarder la science et la verité comme des images, des reflets du Bien. D'ailleurs, les êtres intelligibles ne tiennent pas seulement du Bien leur intelligibilite, mais encore leur être et leur essence De même que les définitions du carre, de la diagonale et autres figures posees par les geometres sont tout intellectuelles, bien qu'ils se servent d'images pour les representer, de même le Bien est purement rationnel, il est le principe qui n'admet plus d hypothese, il est la cause sans cause, et il n'a besoin du secours d'aucune donnee sensible Notre esprit s'exerce à l'aide de quatre opérations l'intelligence pure, la connaissance raisonnée, la foi fondée sur l'autorite, la conjecture La premiere opération seule nous éleve à l'idee de Bien Or, un Etat sera parfait, s'il a pour chef un homme qui joigne la connaissance du Bien a celle du Juste et du Beau

Aristote Ethique à Nicomaque, livre x

Aristote naquit, en 384, a Stagyre, en Macédoine, mourut en 322, exile à Chalcis en Eubee Il fut le précepteur d'Alexandre le Grand, et, peut-être plus que Platon, il fut aussi le précepteur de la jeunesse des ecoles en Europe. On a de lui l'*Organon* ou Logique, puis la *Physique*, la *Métaphysique*, des *Traités de litterature* et trois *Traités de morale.*

La Morale à Nicomaque se divise en dix livres

Le *dixième* livre traite du plaisir et du vrai bonheur. — Le plaisir est certainement le sentiment le plus approprié à notre nature, et ce qu'il y a de plus essentiel pour la moralité du cœur, c'est d'aimer ce qu'il faut aimer Mais si les uns prétendent que le plaisir est le bien, d'autres, au contraire, l'appellent un mal, et cela en partie dans le but de détourner le vulgaire de le poursuivre aveuglement Mais ce but est rarement atteint, car ceux qui proscrivent le plaisir ne s'en abstiennent pas toujours.

Examinons d'ailleurs (chap II) les doctrines antérieures sur sa nature Eudoxe pensait que le plaisir est le souverain bien, car tous les êtres sont entraînes vers lui Aristote pense que le plaisir peut seulement être mis au nombre, mais non au-dessus des autres biens En effet, Platon a bien raison, dit-il, de regarder la vie de plaisir comme plus désirable avec la sagesse que sans la sagesse. On dit encore que, le bien étant complet et absolu, tandis que le plaisir est relatif et susceptible de plus ou de moins, le plaisir ne peut etre un bien, mais, réplique Aristote, n'y a-t il pas des degres dans la justice, dans nos qualites, dans la sante ?

On dit encore que le plaisir est un mouvement et une generation. Aristote le conteste en disant que le plaisir peut être plus ou moins vif, mais non plus lent ou plus rapide. Tout au plus est-il permis de dire que les plaisirs du corps sont des générations, vu qu'ils correspondent à un besoin, mais les plaisirs de l'esprit ont une origine moins matérielle Ce qu'on peut dire de plus net à ce propos, c'est que le plaisir n'est pas le souverain bien, car tout plaisir n'est pas desirable, mais qu'il y a cependant des plaisirs désirables

Au chapitre III, l'auteur observe que le plaisir est une sorte de tout indivisible, et qu'il (chap IV) achève l'acte en le complétant, aussi toute fin atteinte, toute fonction remplie est agreable. Le plaisir sera plus grand là ou la sensation est la plus vive, s il complète l'acte, il est comme la fleur de la jeunesse qui se joint à l'âge heureux qu'elle anime En outre, certaines choses nous font plaisir uniquement parce qu'elles sont nouvelles En général, si tous les hommes aiment le plaisir, c'est que tous aiment la vie et parce qu'il donne à l'existence toute sa plenitude.

Autant (chap V) de fonctions distinctes, autant d'espèces de plaisirs Ainsi les actes de la pensee diffèrent de ceux des cinq sens De plus, le plaisir augmente le talent et la capacite, car un plaisir vif distrait et absorbe Non seulement chaque sens a son plaisir propre, mais chaque espèce animale, car « un âne choisirait de la paille au lieu d'or, » et même chaque individu diffère sur ce point

Au chapitre VI Aristote trace une esquisse du bonheur. Il est, dit-il, la fin de toutes nos actions Il n'est pas un état purement passif, car on ne peut pas l'eprouver dans le sommeil. Mais c'est un etat où l'on n'a besoin de rien, et ou l'on ne recherche rien au delà, or tel est le caractère des actes de vertu. Le vulgaire s'imagine que les divertissements font partie du bonheur, parce que les puissants du jour sont les premiers à y perdre leur temps Mais la vertu et l'intelligence, source unique des actions honnêtes, ne sont pas les compagnes obligees du pouvoir. La vie heureuse est une vie conforme à la vertu et cette vie est serieuse et appliquée. Mais (ch. VII) il est naturel que le bonheur soit l'acte conforme à la vertu de la partie la meilleure de notre être Or l'entendement est notre faculté superieure, c'est elle que nous pouvons le mieux exercer avec continuité De plus cet exercice de la sagesse et de la science nous procure plaisir et satisfaction Sans doute les choses necessaires à l'existence font besoin au sage, mais seul, pauvre et sans honneurs, le sage peut s'instruire et pratiquer la vertu.

Parmi les actes conformes à la vertu, ceux de la politique et de la guerre peuvent bien l'emporter sur les autres en éclat et en importance, mais ces actes sont pleins d'agitation Au contraire, l'indépendance et tous les avantages qu'elle attribue d'ordinaire au bonheur, semblent se rencontrer dans l'acte de la pensee qui comprend et contemple la vérité c'est là une vie divine par rapport à la vie ordinaire de l'homme

Ensuite (ch. VIII) on peut placer au second rang la vie conforme à toute autre vertu que la sagesse et la science, tels sont nos actes de justice et de courage, en general les vertus morales s'associent à des passions génereuses, elles concernent le composé qui constitue l'homme Ce qui prouve encore que le parfait bonheur est un acte de pure contemplation, c'est que nous n'attribuons pas aux Dieux une autre perfection, nous ne concevons pas qu'ils rendent des dépôts, qu'ils donnent de l'argent, qu'ils bravent des dangers, non, mais leur existence est surtout intellectuelle, elle est une contemplation Toutefois (ch IX) le bonheur de l'homme suppose un certain bien-être extérieur ainsi que la santé.

Il importe de remarquer (ch. X), en terminant, qu'il ne suffit pas de connaître l'essence de la vertu, il faut encore s'efforcer de la pratiquer N'imitons pas la foule de ceux que les préceptes sont impuissants à retenir La foule ne vit que de passions et ne poursuit que les plaisirs qui leur sont propres, elle n'ecoute pas la voix de la raison. Aussi la loi qui contraint, puis l'education par l'Etat et celle des parents, sont-elles nécessaires pour moraliser et reprimer les caractères mal disposés

Manuel d'Epictète

Epictète d'Hierapolis en Phrygie, était esclave d'Epaphrodite, secrétaire de Neron. Chassé de Rome sous Domitien, il se retira à Nicopolis, en Epire. Arrien, son disciple, a résumé son enseignement dans le *Manuel*

Nous sommes malheureux par notre propre faute, par

suite de croyances inexactes Ecartez ces fausses suggestions et vous reconnaîtrez que les Dieux ont mis à la portee des hommes deux especes de biens, les uns intérieurs qui dependent de nous, les autres exterieurs qui n'en dependent pas Il dépend de nous de juger, de croire, de desirer, de vouloir, mais il est hors de notre portee d'avoir un corps bien ou mal fait, de jouir d une sante bonne ou mauvaise On peut maltraiter notre corps et nous enlever nos richesses, ne nous attachons donc pas à des biens aussi précaires Retranche tous tes desirs, ou tout au moins n'aime que conformement à la nature et à la raison si tu aimes un vase de terre, dis toi que tu aimes un vase de terre De même la mort n'est point un mal, car elle arrive conformément à la nature, mais ce qui est un mal, c'est l'opinion que la mort est un mal. Nous devons par l usage et l'exercice de notre libre arbitre chasser de notre esprit toutes ces opinions fausses

En suivant cette regle, nous ne tirerons point vanite des avantages extérieurs, nous considérerons la vie comme un voyage qui ne nous offre que des spectacles d'un moment et des biens qu'il faut abandonner. Nous conformerons nos desirs aux evénements et par là nous serons heureux. Si nous n voulons que ce qui dépend de nous, notre volonte ne rencontrera nul obstacle . quand ton fils mourra, dis-toi que tu l'as rendu. Mais si tu vois quelqu'un dans la douleur et pleurant la perte de sa fortune ou de sa femme, songe que cet homme deplore un malheur imaginaire, témoigne-lui donc quelque sympathie, mais ne partage point sa douleur.

Ne va point troubler ton repos par ces vains raisonnements « Je vivrai sans honneurs, je ne serai d'aucun secours à mes amis, à ma patrie » Car si tu preparais a ta patrie un citoyen honnête et vertueux, ne lui rendrais-tu aucun service? Certain ent tu ne pourrais pas lui faire un plus beau présent. Apprends donc à renoncer aux distinctions et jamais ne les achete par des bassesses.

Tous nos devoirs résultent des rapports établis par la nature C'est ton père? ton devoir est d'en prendre soin. Mais ce père est méchant ! qu importe? La nature ne t avait pas lié nécessairement à un bon père, mais à un père En outre chaque chose a deux anses, l'une qui la rend très facile à porter, et l'autre très difficile ton frère t'a nui, mais c'est ton frère

Ne dis jamais que tu es philosophe ne débite point de belles maximes devant les ignorants, mais fais tout ce que ces maximes prescrivent

Sache que le principal fondement de la religion est d'avoir des opinions droites sur les Dieux et de croire qu'ils gouvernent le monde avec autant de justice que de sagesse Ne consulte le devin que sur l'avenir, mais non sur tes devoirs, souviens toi en effet qu'Apollon chassa du temple celui qui avait vu égorger son ami sans le secourir.

Soumets-toi à la destinée, car celui qui cède à la nécessité est seul véritablement sage, il comprend que tous les événements conformes à la nature ne sont pas un mal, il répète le mot de Socrate dans l'Apologie « Anytos et Mélitos peuvent me faire mourir, mais ils ne sauraient me nuire »

AUTEURS LATINS

Lucrèce : De Naturâ rerum, livre V

Lucrèce, né à Rome en 95 avant notre ère, mort en 44, exposa le système d'Epicure dans son poème *De Naturâ rerum* en six chants.

Livre V Si l'on compare, illustre Memmius, la sagesse enseignée par Epicure aux inventions des temps antiques, aux bienfaits de Cérès et de Bacchus, ce philosophe est digne d'être compté au nombre des dieux, car, par la vertu de sa parole, il a chassé de nos âmes l'orgueil, la luxure, l'insolence, et il a développé dans ses discours tout l'ordre de la nature Au premier rang des êtres se place notre âme, elle est un assemblage corporel et elle ne saurait conserver une existence sans fin Le monde, lui aussi, est une substance mortelle, car il a pris naissance N'allons pas croire non plus qu'entre le ciel et la terre les astres se prêtent au soin de faire croître les fruits de la terre et les êtres animés, ne croyons pas que ce qui les fait rouler est quelque disposition divine nous serons ainsi soustraits au joug d'opinions superstitieuses (vers 120) De même qu'il n'y a pas d'arbres dans l'air, de nuages dans les flots amers, de même l'âme et la pensée ne se trouvent pas en toute espèce de corps, et de même les dieux n'ont pas leurs saintes demeures dans quelque partie de ce monde, elles sont nécessairement aussi subtiles que leurs corps divins Enfin, dire que les dieux ont disposé en vue de l'homme ce monde et ses merveilles, c'est folie! Croirons nous que la vie des dieux se traînait dans la tristesse jusqu'au moment où a lui l'aurore de la naissance des choses? Et pour nous quel si grand mal était-ce de n'avoir pas été créés, alors que nous n'avions pas encore goûté l'amour de la vie? Et le dessein d'après lequel devaient être formées les choses, qui l'a fait entrer dans l'esprit des dieux avant que le modèle de la création n'eût été donné par la nature même? Cette nature n'est donc pas de création divine, elle est, en effet, trop défectueuse, de plus, elle n'a pas été faite pour nous, car, quand tout fleurit, le soleil trop souvent brûle nos moissons, ou les frimas glacés les font périr. Puis, que d'espèces sauvages nous font la guerre, que de maladies chaque saison nous apporte! Dès sa naissance l'enfant remplit déjà de ses vagissements lugubres les lieux d'alentour, comme il convient à celui qui doit encore traverser tant de maux.

L'univers n'est pas non plus un corps d'une solidité

parfaite, la porte de la mort n'est fermée ni au ciel, ni au soleil, ni à la terre, ni aux profondes eaux de la mer Dans cette lutte sans merci, tel element fut tour à tour vainqueur et vaincu, tantôt l'eau, tantôt le feu, ou donc trouver dans ce conflit la trace d'un dessein arrete ? On n'y voit qu'impulsions et qu'essais successifs et imparfaits Il fut un temps ou ne se voyaient ni le char du soleil, ni les astres de l'immense voûte, mais une sorte d'assemblage tumultueux de masse confuse Bientôt les semblables s'associerent aux semblables, et de l'ensemble des choses se sépara le monde avec ses éléments et ses parties variees. Mais à quelle cause attribuer le mouvement des astres (vers 510) ? A la double impulsion de l'air qui touche la voûte du ciel et qui l'enferme de deux côtes, ou bien a quelque courant aerien. Remarquons d'ailleurs (vers 566) que le disque ardent du soleil ne saurait etre beaucoup plus grand qu'il semble à nos sens, car un feu qui brille au loin garde la même apparence. De meme d'ici-bas nous voyons la lune avec sa veritable grandeur. Le soleil peut, sans être plus gros qu'il ne paraît *, éclairer notre univers, de même qu'une petite source submerge une vaste plaine

Lucrece revient ensuite au mouvement des astres et presente diverses hypotheses sur les phases de la lune. Puis (vers 780) il decrit la nouveaute du monde et ses riches productions D'abord sur toutes ses plaines brillerent, emaillées de fleurs, de vastes prairies Plus tard elle créa en grand nombre, par des moyens divers, les especes animales. Car il ne se peut que du ciel soient tombes des êtres animes Maintenant encore se produisent du sein de la terre bien des animaux, quoiqu'qu'elle ait cesse de produire autant qu'autrefois. D'ailleurs il faut le concours de bien des choses pour que les especes puissent se propager de la nourriture, une semence génératrice, une conformation en mutuel rapport. Mais ne croyons pas que jamais la

* Etrange erreur

terre ait produit des Centaures, des Chimères et autres monstres

Dans le principe, vécut sur la terre une race d'hommes plus dure comme il convenait à des êtres produits par le dur sein de la terre Ces hommes menaient en troupes la vie errante des bêtes sauvages Mais quand (vers 1010) la femme, unie à l'homme, se fut retirée avec lui dans une même demeure, alors le genre humain commença à perdre quelque chose de sa dureté primitive, la plupart observèrent les contrats qu'ils avaient acceptés Puis naquit lentement la parole Un seul homme n'eût pu ni créer, ni imposer, ni rendre intelligibles les signes de la pensée. Si des sensations différentes forcent les animaux à émettre des sons divers, n'est-il pas plus naturel que l'homme ait trouvé pour chaque chose des termes particuliers ?

Plus tard on apprit du soleil à cuire les aliments Bientôt on fonda des villes, on construisit des citadelles En outre les hommes, dans leur ignorance, firent les Dieux auteurs des phénomènes célestes Et en effet comment ne penserions-nous pas à apaiser la divinité quand sévit la tempête, quand des cités entières tremblent sous nos pieds?

Après le culte religieux, vinrent encore (vers 1240) de nouvelles inventions, l'airain, l'or, le fer, l'argent, nés d'immenses incendies Ensuite on s'élança armé sur un cheval, on tenta les périls de la guerre On prépara des tissus et des vêtements

Cicéron : De Naturâ Deorum, II

Cicéron (107-44) composa le traité *De Naturâ Deorum* l'avant dernière année de sa vie Outre de nombreux discours et plusieurs ouvrages sur la rhétorique, ce grand orateur exposa diverses théories philosophiques dans le *De*

Officiis, dans les *Tusculanes*, la *République*, les *Lois*, le *De Amicitiâ*, le *De Senectute*, etc.

Dans le premier livre sur la nature des Dieux, Velleius explique le système d'Epicure, Cotta combat l'épicurisme. Le second livre renferme l'exposé par Balbus de la doctrine des stoïciens sur la nature des Dieux. Enfin dans le troisième livre, Cotta ou plutôt Cicéron soutient la doctrine de l'Académie, contre celle du Portique.

Livre II. — Les stoïciens, dit Balbus, enseignent d'abord qu'il existe des Dieux. Or nous remarquons que cette croyance est très ancienne et tout à fait conforme à notre raison : *omnibus enim innatum est esse deos*. Cléanthe, disciple de Zénon de Citium, justifiait cette croyance par quatre causes, dont la plus forte était la régularité du mouvement et des grandes phases du ciel : une intelligence suprême doit présider à la marche de la nature (V).

En voyant une grande et belle maison, dit Chrysippe, tu ne te laisserais jamais persuader qu'elle ait été bâtie par des souris et des belettes. Or telle est la pompe de l'univers, la multitude et la beauté des œuvres célestes, l'immensité de la terre et des mers que tu passerais pour fou, si tu t'imaginais que c'est là ta maison et non celle des Dieux immortels. Les parties du monde ne manifesteraient pas une si grande harmonie, si elles n'étaient point pénétrées d'une seule et même âme divine. Tel est le sens de la célèbre parole de Zénon : « le monde raisonne et il a du sentiment. » (VIII) Il possède un principe de chaleur et de feu qui donne la vie et l'accroissement à tous les animaux et à toutes les plantes. On l'appelle l'éther et, puisque tout mouvement vient de l'éther et que l'éther n'est pas mu par impulsion, mais par sa vertu, il est âme et par conséquent le monde est animé (XII). Il faut de plus qu'il soit doué de sagesse, sans quoi l'homme qui n'est qu'une partie du monde, serait plus que l'univers. Les divers degrés de perfection qui caractérisent les êtres, supposent la perfection absolue, car, comme le dit encore

Zenon, la nature est πῦρ τεχνικὸν οδω βαδιζον εις γενεσιν Elle est donc divine cette nature et le monde est Dieu (XV), comme le sont aussi les astres, vu la régularité de leurs mouvements , on peut même dire que ces mouvements sont volontaires, car (XVI) quelle puissance pourrait imposer aux astres la direction qu'ils suivent ?

Reste à examiner (XVII) quelle est la nature des Dieux question difficile parce qu'il y faut faire abstraction de ce que voient les yeux Sur ce point, rien n'est plus conforme à la prenotion innée que nous avons de Dieu que d'attribuer une ame et la Divinité à l'univers Pour s'en convaincre, il suffit de contempler le mouvement harmonieux des étoiles , on ne peut pas concevoir un accord si constant sans y admettre de la raison et une fin préméditée On ne trouve dans le ciel ni hasard, ni inconstance, ni erreur En outre, la nature particulière de chaque être est artiste et ouvrière En cela les Dieux ne se livrent pas à un travail fatigant, car ils ne sont formes ni de veines, ni de nerfs, ni d os, mais placés dans la région la plus pure du ciel, ils reglent leur cours en conservant toutes choses

On a aussi donné le nom de dieu d'abord aux presents des dieux, comme lorsqu'on appelle le blé Ceres, le vin Bacchus, puis aux mortels qui avaient rendu d'éminents services De là sont nees beaucoup de fables et de superstitions de vieilles femmes Mais, en rejetant ces fables, on pourra encore reconnaître un Dieu répandu dans la nature.

Si l'on admet l'existence des dieux, on conviendra qu'ils font quelque chose et qui est grand Autrement il y aurait donc quelque être supérieur aux dieux en intelligence ou en pouvoir Mais d ailleurs, si les hommes possedent la raison, la sagesse et la vertu il faut bien que les Dieux aient ces qualités non seulement a un degre superieur, mais encore qu'ils s'en servent pour les meilleures choses Dans un arbre, dans un animal (XXXII) rien n'est accidentel et fortuit tout y revele un art, et même dans la nature inorganique, les combinaisons mutuelles des quatre éléments (XXXIII) forment la liaison de l'univers, car l'eau se forme de la terre, l'air de l'eau, le feu de l'air.

N'imitons donc pas les épicuriens (XXXV) qui s'imaginent qu'Archimède a montré plus de génie en imitant le mouvement de la sphère que la nature en le faisant. Pourquoi ne pas croire aussi (XXXVII) qu'en jetant ensemble un nombre prodigieux des vingt et un caractères de l'alphabet, on pourrait composer les annales d'Ennius ? Le hasard serait-il capable de produire un seul vers ? Si le concours des seuls atomes peut former un monde, pourquoi ne peut-il pas aussi former un portique, un temple, une maison, une ville ? Ce seraient des ouvrages plus faciles. Examinons donc la beauté de toutes choses et nous ne douterons plus que les dieux soient intelligents.

Puis quelle variété d'animaux, quelle abondance de tout ce qu'il faut pour conserver chaque espèce ! Les uns sont couverts de peaux, les autres revêtus de poils, d'autres hérissés de pointes (XLVII). Tout l'intérieur de leur corps est disposé de manière que rien n'y est superflu. Enfin, pour que la beauté du monde fût éternelle, la providence des Dieux a pris soin de perpétuer les différentes espèces d'animaux, d'arbres et de plantes (LI). Il importe encore de signaler les avantages des rivières, le flux et le reflux de la mer, les bois des montagnes, l'alternative du jour et de la nuit, et surtout la structure, la forme et la perfection des organes de notre corps, les dents, les poumons, l'estomac, le cœur, les yeux, les oreilles : quel autre ouvrier que la nature aurait mis un art si parfait à former nos sens (LVII) ? et quant à l'âme, combien l'accord de ses facultés, combien la supériorité de sa raison et de son raisonnement révèlent et exigent la présence et l'action d'une sagesse divine ! Si les hommes possèdent l'intelligence, les Dieux en seront-ils dépourvus ? Non, car c'est leur plus bel attribut.

Et quelles mains adroites la nature a données à

l homme ! Enfin tout ce qui se trouve dans ce monde à l'usage de l homme a eté fait et préparé pour lui (LXI) Il faut même etendre nos vu s et dire le monde est la maison commune des Dieux et des hommes, car les Dieux et les hommes sont les seuls etres raisonnables, les seuls qui vivent d'apres la justice Les animaux s'emparent des biens de la terre comme des voleurs, mais c'est comme des maîtres que les hommes se servent de ces biens, et cela publiquement, librement Ainsi à quoi bon la brebis, si, par sa laine, elle ne nous fournit pas de vêtements? Et ce n est pas seulement sur la surface de la terre, c'est encore dans la profondeur de ses entrailles que se trouve un nombre de choses utiles à l'homme La Providence divine s'etend encore à chaque individu en particulier nul mortel n'est haï des Dieux

Cicéron de Officiis, livre Ier

L'honnête, l'utile, la comparaison de l'utile et de l'honnête, tel est le triple objet des trois livres du *De Officiis*

Premier livre C'est dans la nature même de l'homme que se découvrent les principes et les semences de l'honnête. Or, on trouve dans l'homme l'instinct de la conservation et des besoins qui nous sont communs avec l'animal. On y trouve aussi la raison qui le pousse à la recherche du vrai, qui le porte à la societe de ses semblables et qui lui inspire des sentiments de dignite. De là quatre vertus fondamentales qui comprennent tous nos devoirs La premiere a pour objet la recherche de la verite et s'appelle la prudence, la seconde est la justice, la troisieme est le courage, *fortitudo*, ou la grandeur d'âme, *magnitudo*, la quatrieme est la temperance, la modestie et l'empire sur nos passions

1° Bien diriger notre intelligence, juger sainement, tenir

l'erreur pour un mal, voilà une vertu essentielle, par elle nous ne donnons pas légèrement notre assentiment, nous ne nous appliquons pas à des choses obscures et futiles Mais cette culture intellectuelle ne doit point nous porter à sacrifier les affaires à l'étude, bien que les sages pensées soient l'antécédent des bonnes actions

2° La vertu par excellence (VII) est la justice, elle embrasse toutes les relations de la vie Elle comprend la justice proprement dite, puis la bienfaisance Le premier précepte de la justice consiste à ne nuire à personne, *ne cui quis noceat* Mais Cicéron ajoute cette restriction célèbre *nisi lacessitus injuriâ* Ces derniers mots ont été l'objet de vives critiques, mais on conviendra que par là Cicéron proclame seulement le droit de légitime défense Le second précepte de la justice consiste à ne s'approprier que ce qui n'appartient à personne Bien que Cicéron ne remonte pas à l'origine supérieure de la propriété, à savoir la personnalité libre et le travail, il assigne cependant à l'appropriation du sol plusieurs raisons légitimes l'ancienne occupation, la victoire, la loi, les contrats, les partages publics

De plus on peut être injuste soit en faisant le mal, soit en le laissant faire, le désir de prévenir un ennemi, la passion, la convoitise, l'avarice, l'ambition sont les causes principales qui nous portent à violer les droits d'autrui, puis la crainte de se faire des ennemis, la négligence, la paresse, les occupations, voilà ce qui nous laisse indifférents sur les actes injustes d'autrui. Cicéron se demande ensuite si l'on doit tenir une promesse funeste, si l'on rendra le glaive à celui qui le réclame pour en frapper un autre ou se frapper lui-même, il répond que, dans le but de concourir au bien général, on ne tiendra pas cette promesse, on ne rendra pas ce glaive D'ailleurs la justice nous oblige même pendant la guerre malgré ses violences, celle ci a ses règles : ne faire la guerre que pour repousser l'injustice, respecter ses serments même envers un ennemi, comme fit Regulus Enfin l'auteur parle en faveur des esclaves, pour eux il invoque la justice et la pitié

La seconde forme de la justice est la bienfaisance (XIV) vertu fort accommodée à la nature humaine Mais sa pratique exige diverses précautions comme de donner selon ses moyens et avec discernement L'amour de la patrie en est une forme des plus remarquables, quel homme de bien hésiterait à mourir pour elle? Il faut même étendre à tous les hommes les devoirs de la bienfaisance comme ceux de la justice, on voit par là que Cicéron a puisé à la source du stoïcisme l'idée d'une fraternité et d'une charité universelle

3° Passons (XVIII) à la vertu du courage et de la grandeur d'âme Remarquons d'abord que tout se tient dans l'honnête, et que les quatre vertus ne sont pas séparées En effet ne faut-il pas du courage pour pratiquer la justice? Mais en général le courage nous fait braver tout danger, l'équité l'accompagne, autrement il ne serait que brutalité, disons avec les stoïciens qu'il est *virtus propugnans pro æquitate* S'élever au-dessus de ce qui ne dépend pas de nous, tenir tête aux hommes, à la fortune, dompter ses passions, accomplir des actes éclatants, voilà le courage L'amour de la gloire est ici l'écueil à éviter Au dessus du courage militaire, Cicéron place le courage civil

4° Reste la quatrième partie de l'honnête, la tempérance et la modestie, elles sont l'ornement et la dignité de la vie, son decorum subordonnons l'appétit à la raison, veillons aux bienséances extérieures, à notre tenue, à nos démarches pour parvenir aux honneurs Soyons dignes dans nos conversations, souffrons que chacun parle à son tour, évitons la médisance, la raillerie à l'égard des absents A propos de cette dignité personnelle, Cicéron blâme les cyniques et même quelques stoïciens

Sénèque les seize premières lettres à Lucilius

Sénèque le philosophe, né à Cordoue en l'an 3 de notre ère, s'adonna d'abord à l'éloquence, puis cultiva la philosophie stoïcienne Il est l'auteur de traités sur *les Bienfaits*, sur *la Colère*, *la Clémence*, sur *la Vie heureuse*, etc et de 124 *lettres à Lucilius*, voici l'analyse des seize premières.

1 — Sur l'emploi du temps — Suis ton plan, cher Lucilius, reprends possession de toi-même, le temps que jusqu'ici tu laissais perdre, ménage-le. La plus grande partie de la vie se passe à mal faire, une grande à ne rien faire, le tout à faire autre chose que ce qu'on devrait. Sois donc complètement maître de tes heures Le temps seul est notre bien

2 — Des voyages et de la lecture — Le premier signe d'une âme bien réglée est de se fixer, de séjourner avec soi, aussi la lecture d'une foule d'auteurs révèle-t-elle de de l'inconstance Fais donc un choix d'écrivains pour te nourrir de leur génie C'est n'être nulle part que d'être partout Ceux qui voyagent sans cesse, ont des milliers d'hôtes et pas un ami De même la multitude des livres dissipe l'esprit.

3 — Du choix des amis — Si tu tiens pour ami l'homme en qui tu n'as pas autant de foi qu'en toi-même, ton erreur est grave, tu ne connais pas l'essence de la véritable amitié Délibère sur l'homme de ton choix avant d'être ami, sois juge, ami, sois confiant, parle aussi hardiment devant lui qu'à toi-même Juge le discret, il le sera

4 — Sur la crainte de la mort — Nous ne sommes plus jeunes mais, chose plus triste, nos âmes le sont toujours et, sous l'air imposant du vieil âge, nous gardons les défauts de la jeunesse Comme elle, nous nous effrayons de la mort et pourtant il n'est jamais grand le mal qui ter

mine tous les autres Si beaucoup de gens se tuent par désespoir ou par crainte, le vrai courage ne pourra-t-il nous faire traverser la mort? Veux-tu que ta vie soit douce? Ne sois plus inquiet de la voir finir.

5. — De la philosophie d'ostentation — N'imite point les hommes moins curieux de faire des progrès que du bruit, que rien, en ton extérieur, en ton genre de vie, n'appelle sur toi les yeux Étaler une mise repoussante, une chevelure en désordre, une barbe négligée, établir son lit sur la dure, fuis tout cela, ni loge brillante, ni loge sordide Ne nous rendons ni ridicules ni odieux Ne recherchons pas trop les richesses, mais c'est faiblesse d'âme de ne les pouvoir supporter

6 — La véritable amitié est celle que ni l'espoir, ni la crainte, ni l'intérêt ne peuvent rompre, celle qui ne meurt qu'avec l'homme et pour laquelle l'homme sait mourir Aussi que de gens à qui les amis n'ont pas manqué, mais bien l'amitié. Pour moi j'aspire à verser mon trésor tout entier dans ton âme et si je me réjouis d'apprendre, c'est pour enseigner. Toute jouissance qui n'est point partagée, perd sa douceur.

7. — Fuir la foule et les combats de gladiateurs — Tu me demandes ce que tu dois principalement éviter? — La foule Tu ne peux encore t'y livrer impunément Pour moi jamais je ne rentre chez moi tel que j'en suis sorti Toujours quelque tentation chassée reparaît Plus nos liaisons s'étendent, plus le danger se multiplie Mais rien n'est funeste à la morale comme l'habitude des spectacles J'en sors plus attaché à l'argent, à l'ambition, j'en sois plus cruel et plus inhumain Il en est surtout ainsi pour les spectacles de gladiateurs là, plus de badinage, c'est l'homicide dans sa crudité.

8 — Retraite du sage — Quand je te presse de fuir le monde, tu me dis : « que devient ton précepte qui veut que la mort nous trouve en action? » Je te réponds que c'est au profit de la postérité que je travaille, c'est pour

elle que je rédige quelques utiles leçons A tous je crie evitez tout ce qui séduit le vulgaire, tout ce que le hasard dispense Tenez tous ses dons pour suspects Dans l'homme rien n est admirable que l'âme.

9. — Pourquoi le sage se fait des amis — Notre sage se suffit Toutefois il désire en outre les douceurs de l'amitie, bien qu'il trouve en soi assez de ressources Les choses qui lui manquent, il ne les regrette pas, mais il prefere n'en être pas privé Il se plait à vivre avec des amis, mais il en souffre patiemment la perte D'ailleurs le sage aime ses amis avec désinteressement n'embrasser l'amitie que pour soi, méchant calcul Le sage prend un ami afin d'avoir pour qui mourir, d'avoir qui suivre en exil, de qui sauver les jours

10. – Utilite de la retraite — Oui, je ne m'en dedis pas. fuis les grandes compagnies, fuis les petites Je ne sache personne avec qui je veuille te voir communiquer Vis avec toi-même. Pour tes vœux d autrefois, tiens-en quitte la divinite, formes-en d'autres tout nouveaux, implore d'elle la sagesse, la sante de l'âme et seulement ensuite celle du corps.

11. — Ce que peut la sagesse contre les défauts naturels. — Aucune sagesse ne saurait enlever dans l'homme physique ou moral certaines imperfections originelles J'ai vu les plus hardis mortels ne pouvoir paraître en public sans être pris d'une sueur soudaine J'en ai vu à qui les genoux tremblaient C'est que la sagesse ne tient pas tout à fait la nature sous sa loi Cultive neanmoins cette sagesse fais choix d un censeur habile et propose-toi un modele à imiter.

12. — Avantages de la vieillesse. — De quelque côte que je me tourne, tout ce que je vois me demontre que je suis vieux J'etais allé à la campagne, et là, soit ma maison, soit mes anciens amis, m'ont fait sentir ma vieillesse faisons-lui bon accueil et aimons-la, elle est pleine de douceurs pour qui sait en user. Qu'il est doux d'avoir

lasse les passions, de les avoir laissées en route. Si Dieu nous accorde un lendemain, soyons heureux de le recevoir.

13. — Sur la crainte de l'avenir. — Ton courage est grand, je le sais, et il brille surtout quand les difficultés surgissent de toutes parts. Toutefois, Lucilius, il y a plus de choses qui font peur qu'il n'y en a qui font mal ; nos angoisses sont ou excessives, ou chimériques, ou prématurées. En présence de l'infortune, dis-toi : « Nous verrons qui sera le plus fort. » La ciguë a fait la grandeur de Socrate.

14. — Jusqu'à quel point il faut soigner le corps. — Je l'avoue, la nature a voulu que notre corps nous fût cher ; elle nous en a commis la tutelle, mais on se prépare trop de tyrans dès qu'on s'en fait un de son corps. Le beau moral est bien peu de chose aux yeux de l'homme pour qui le physique est tout. Donnons au corps tout ce qu'il exigera, mais sachons, dès que l'ordonnera la raison, le précipiter dans les flammes. Veillons à écarter du corps l'indigence, les maladies, la violence et la cruauté des princes. Que la philosophie soit notre refuge. Imitons ces stoïciens qui, exclus des affaires publiques, ont embrassé la retraite pour donner au genre humain le code de ses lois.

15. — Des exercices du corps. De la modération. — Soigne par privilège la santé de l'âme, que celle du corps vienne en second lieu et elle te coûtera peu, si tu ne veux que te bien porter. Mais il est des exercices courts et faciles : la course, le balancement des mains avec un fardeau, le saut en hauteur ou en longueur. Choisis lequel tu voudras. Ne reste pas sans cesse courbé sur un livre, mais il ne faut s'échauffer que graduellement. Ce n'est pas d'exercer le corps qu'il s'agit, mais de s'exercer par lui.

16. — Utilité de la philosophie. — Je vois que tes progrès sont grands. Tes lettres n'ont ni feinte ni fausses couleurs. J'ai bon espoir de toi, mais pas encore confiance

entière. La philosophie n'est point un art d'éblouir le peuple, elle n'est pas une science de parade. Mais, diras-tu, que me sert la philosophie si Dieu régit tout? Car changer l'immuable, je ne le puis. Je te réponds que la philosophie nous déterminera à obéir volontairement à Dieu, elle nous apprendra aussi à résister à la Fortune.

Philosophie du moyen âge

Les invasions des peuples barbares venus de l'Asie et de la Germanie, ainsi que l'établissement définitif du christianisme, modifièrent profondément en Europe la marche de la civilisation et le développement des théories philosophiques. L'état de guerre presque continuel qui, pendant près de huit siècles, caractérise le moyen âge, fit que la science et la philosophie se réfugièrent dans les monastères et les écoles, mais en y subissant la domination de la théologie positive. On traita surtout la question de l'origine et de l'objectivité des idées universelles ou *universaux* et des notions générales; la syllogistique devint aussi l'objet d'études minutieuses d'après l'*Organon* d'Aristote. A la philosophie scolastique ou des écoles se rattache le nom célèbre de *saint Anselme* (1034-1109), archevêque de Cantorbery, dont la thèse originale consista à soutenir que Dieu existe précisément parce qu'il est parfait, car l'idéal est ce qu'il y a de plus réel; se distinguèrent aussi *Roscelin*, nominaliste, et *Abélard*, conceptualiste, puis *saint Thomas d'Aquin* (1225-1274), qui composa un *Cours complet de théologie*, l'un des grands monuments de l'esprit humain au moyen âge; l'auteur y traite de Dieu, de l'homme et de Jésus Christ, médiateur entre Dieu et l'homme. Le franciscain *Jean Duns Scot* fut l'adversaire des doctrines thomistes.

Au XVIe siècle, la Renaissance des lettres et des

sciences, à la suite de la prise de Constantinople et des grandes découvertes de cette époque, favorisa l'essor de la philosophie. Les œuvres de Platon et d'Aristote furent mieux connues, on était fatigué des études purement logiques du syllogisme. Tous les systèmes anciens reapparurent. Mais ces tentatives furent souvent mal dirigées, elles aboutirent au panthéisme de *Giordano Bruno* (1600) et au scepticisme érudit des *Essais de Montaigne* (1592).

Philosophie moderne

La philosophie des temps modernes dans l'Europe occidentale, a pour caractère de s'appuyer sur l'étude de l'âme considérée comme le point de départ obligé de la philosophie, de plus elle est indépendante de la théologie positive. Elle s'allie avec toutes les sciences expérimentales et, approfondissant l'histoire de la philosophie, elle y cherche la vraie tradition de l'antiquité.

François Bacon, chancelier d'Angleterre (1561-1626), pensa qu'il fallait d'abord réformer la méthode. Son principal ouvrage philosophique a pour titre *Instauratio magna scientiarum*. La première partie seule est terminée, l'auteur y traite *De dignitate et augmentis scientiarum*, il signale d'abord les causes qui ont retardé les progrès de nos connaissances. Puis il classe les sciences en trois groupes d'après les facultés intellectuelles qui les acquièrent. A la mémoire il rapporte l'histoire, à l'imagination, la poésie et les arts, au raisonnement et à la raison, les mathématiques, les sciences de la nature et la philosophie. D'Alembert a reproduit, dans le *Discours préliminaire de l'Encyclopédie*, cette classification de Bacon.

La seconde partie de l'*Instauratio magna* est le *Novum organum*, ainsi nommé pour le distinguer de celui d'Aristote. Dans le premier livre, Bacon explique les raisons qui l'ont engagé à chercher une nouvelle méthode, il se sépare à la fois des dogmatiques qui prétendent tout savoir, et des sceptiques qui soutiennent qu'on ne peut rien savoir Il déclare que la science est encore à faire, mais qu'elle est possible si l'on suit une méthode nouvelle Il importe surtout d'observer la nature, de renoncer aux hypothèses et d'éviter les erreurs qui nuisent au progrès A ces conditions, il promet aux sciences une perfectibilité indéfinie et aux savants une puissance sans bornes sur la nature Il donne aux erreurs le nom de fausses images ou idoles, et en distingue quatre espèces erreurs universelles ou idoles de la tribu humaine, erreurs individuelles ou idoles de l'antre, puis les erreurs du langage, idoles du Forum, et enfin les erreurs des systèmes et des savants, ou idoles de théâtre Il condamne surtout l'abus du syllogisme Il critique aussi le respect exagéré qu'on a pour les anciens, il condamne le dédain des expériences et la précipitation avec laquelle on formule les théories les plus générales

Dans la seconde partie du *Novum organum*, Bacon montre le rôle du raisonnement dans l'interprétation de la nature c'est la découverte des lois On y arrive en comparant entre eux tous les faits observés, en signalant leur constance dans des tableaux, en distinguant parmi les faits ceux qui sont rares ou privilégiés Bacon appliqua lui-même ses préceptes en constatant, avant Galilée et Torricelli, l'élasticité et la pesanteur de l'air *Hobbes* (1588-1679) traduisit en latin ses ouvrages et il en a exagéré la tendance sensualiste. Il se montre matérialiste et favorable au despotisme.

Plus sage et plus élevée fut la philosophie de *Descartes*, son contemporain (1596-1650) On peut définir le système de Descartes un spiritualisme exagéré où l'erreur se mêle à la vérité, mais où celle-ci prédomine Tourmenté par l'esprit de doute, Descartes trouve dans la notion psychologique de son existence le fondement inébranlable de la vérité Je doute, donc je pense, je pense, donc je suis.

De cette notion si claire de sa pensée, il tire la définition de la spiritualité de l'âme, qu'il appelle une substanse pensante, par opposition au corps substance étendue Sur cette même base, il établit la preuve de l'existence de Dieu, en effet, réfléchissant sur la nature imparfaite de sa pensée sujette à l'ignorance et au doute, il constate qu'il possède l'idée de l'infini et du parfait Or, quelle est l'origine de cette idée, quel en est l'objet, sinon Dieu lui-même? Enfin, c'est sur la véracité de Dieu que, par un détour sophistique, il s'appuie pour légitimer sa croyance au monde extérieur — En physique, Descartes suit une méthode synthétique, trop *a priori* Il n'observe pas assez, il suppose trop Il considère le monde comme un vaste mécanisme construit par les mains de Dieu la matière et le mouvement lui suffisent pour tout expliquer, et ce mouvement lui-même est soumis à deux lois, la force centripète, la force centrifuge De là le système des tourbillons relatif aux mouvements des astres De même dans le corps de l'animal, dans le corps humain, dans l'instinct et l'habitude, il ne voit qu'automatisme avec matière et mouvement — La psychologie cartésienne est incomplète et souvent confuse Bien qu'il ait composé un *Traité sur les Passions*, il ne définit nettement que deux facultés l'entendement et la volonté, et encore vouloir est pour lui presque un mode de la pensée, car, dit-il (*Disc de la Méthode*, 3e partie, 1re maxime), « il suffit de bien juger pour bien faire » Puis il distingue trois sortes d'idées, adventices, factices, innées, il n'est donc pas sensualiste Son explication des passions est toute physiologique Enfin, en essayant d'expliquer l'union de l'âme et du corps, il a plutôt nié cette union en admettant l'hypothèse des esprits animaux — La logique de Descartes se trouve résumée dans son *Discours de la Méthode*, dont nous donnons plus loin l'analyse Sa morale ne forme pas un système de préceptes, elle consiste en quelques maximes éparses dans ses lettres et dans la 3 partie du *Discours de* la *Méthode*, il y déclare que le bonheur consiste dans la vertu, dans l'égalité d'âme, et que la plus belle occupation est l'acquisition de la science.

Descartes eut des disciples immédiats et directs, tels que Régis, Rohault, Clerselier, et aussi des disciples indépendants tels que Malebranche, Spinoza et Leibniz. Arnauld, Pascal, Bossuet et Fénelon adoptèrent plusieurs de ses opinions. Mais l'abbé Gassendi (1592-1655), sensualiste et épicurien, fut le principal adversaire de Descartes. Il critiqua surtout sa théorie des idées innées.

Résumons la doctrine des trois grands cartésiens indépendants. D'après *Malebranche* (1638-1715), on peut, d'une manière générale, rendre compte de tous les êtres, en admettant d'abord dans l'univers du mouvement et de l'étendue, essence de la matière, puis de la pensée, et enfin une cause première, Dieu, lequel existe, dit-il, puisqu'il est pensé. Mais Dieu seul est cause réellement efficiente : lui seul produit dans la matière et dans nos corps les mouvements et l'étendue, lui seul aussi produit en nos âmes la raison, la vraie science et la résolution libre. De là deux théories importantes, d'abord celle de la vision en Dieu : connaître les choses, c'est les connaître dans leur essence intelligible et dans leurs idées, or, les idées de toutes choses sont dans la pensée créatrice de Dieu ; puis celle des causes occasionnelles, hypothèse qu'il applique soit à notre libre arbitre, soit à l'union de l'âme et du corps : d'une part, il pense que c'est Dieu qui, par sa grâce, nous fait sentir et même en partie consentir ; d'autre part, il soutient que l'âme et le corps n'ayant pas d'activité propre, l'âme produit une certaine pensée à l'occasion de tel mouvement du corps. Or, mouvement et pensée viennent de Dieu, seule cause efficiente. Malebranche est donc fort près d'accepter le panthéisme bien qu'il l'eût désavoué. Son principal ouvrage est la *Recherche de la vérité*, dont plus loin nous analysons une partie.

Mais *Spinoza* (né à Amsterdam en 1632, mort en 1677)

professe nettement le panthéisme. Procédant géométriquement par axiomes, théorèmes et corollaires, il pose la définition de la substance « ce qui est en soi et par soi, » puis celles de l'attribut et du mode. Il n'y a, dit-il, qu'une seule substance réelle, celle de Dieu, et comme nous ne connaissons que deux attributs principaux de la substance, à savoir la pensée et l'étendue, il en résulte que Dieu lui-même est à la fois *res cogitans et res extensa*. Cet être infini et unique se développe suivant des lois nécessaires, tout ce que nous voyons, faits et êtres, résulte sans finalité aucune d'une immense série de causes secondes. Dieu et le monde sont identiques, Dieu, c'est le monde à l'état d'enveloppement, le monde, c'est Dieu à l'état de développement et d'épanouissement. Dès lors l'homme ne sera pas pour Spinoza un être substantiel et personnel, il ne sera qu'un mode de Dieu. Notre corps est soumis aux lois nécessaires de l'étendue divine, notre âme à celle de la pensée divine. En nous tout est déterminé, se croire libre, c'est ignorer les vraies causes de nos résolutions. Notre âme n'est pas une force libre et qui se possède, elle n'est qu'une collection d'idées, les unes confuses, les autres claires. La vertu n'est donc pas la pratique libre et courageuse du devoir mais le progrès de la pensée, l'acquisition de la science, l'exercice de la raison. S'identifier par la pensée à l'éternelle nécessité, telle est la sagesse et tel est aussi le bonheur. Aimer cette nécessité, c'est aimer Dieu et comprendre Dieu, c'est devenir immortel, c'est rapporter toutes les idées de notre âme à des objets éternels et impérissables.

Leibniz (1646-1716), le dernier et le plus grand des cartésiens, fut moins systématique et plus complet que Spinoza : il n'exclut pas le monde moral, bien qu'il s'en soit fait une idée imparfaite ; car il pense, lui aussi, que tout est déterminé, que le passé est gros de l'avenir ; il emprunte même à Spinoza la célèbre expression que l'âme serait un automate spirituel. Néanmoins il admet une activité inhérente à toutes les monades ou éléments simples des êtres conscients ou inconscients. Mais l'activité de chaque monade est une spontanéité interne, en sorte que si l'harmonie règne dans l'univers, il faut qu'elle ait été préétablie par Dieu entre tous ces éléments simples. L'union de l'âme et du corps n'est elle-même qu'une harmonie préétablie, comme cela serait entre deux horloges distinctes, mais bien réglées ; entre l'âme et le corps, pas d'influence active véritable. — En idéologie, Leibniz a combattu le sensualisme de Locke, il pense qu'il y a des principes *a priori* dont l'exercice des sens ne rendra jamais compte. Voir plus loin les analyses du livre Ier de son *Essai sur l'entendement* et de la *Monadologie*. — En théodicée, Leibniz admet nettement l'existence d'un Dieu personnel, bon et créateur. Il veut qu'on ne se représente pas Dieu comme un despote dont le souverain pouvoir est affranchi des règles de la justice, mais comme une Providence infiniment juste et bienfaisante. Dieu ne nous enlève pas notre libre arbitre en le rendant impossible ou vain par sa puissance, on doit sur ce point éviter soit le sophisme de la raison paresseuse, soit la nécessité panthéistique des stoïciens, soit la prédestination janséniste. Le mal est inhérent à l'essence de tout être fini, le mal n'a pas de cause efficiente et positivement productrice, mais il est un manque, un défaut. Notre libre arbitre ne consiste pas en une indifférence aux motifs, car, au contraire, nous suivons l'inclination prévalente. D'autre part, Dieu incline par sa grâce, mais ne contraint pas notre volonté. Mais, à ce propos, Leibniz, contrairement à Descartes, conteste la valeur du sentiment vif interne sur notre autonomie morale. Au fond, il ne nie pas notre libre arbitre, il le considère comme une condition de la vertu, aussi Dieu devait-il en tolérer l'abus et laisser ainsi subsister le mal moral, *culpa*. Quant au mal physique, *dolor*, *tristitia*, il ne prouve pas non plus contre la Providence, car il résulte de lois générales qui contribuent à la perfection du monde. Il est la condition de notre valeur morale. Leibniz conclut enfin à l'optimisme : on doit concevoir pour l'univers un meilleur non pas fixe, mais progressif et infini.

En Angleterre, *Locke* (1632-1704) avait, durant la seconde partie du XVIIe siècle, comme succédé à Hobbes, mais en améliorant ses doctrines. Il conteste l'existence d'idées innées : les fous, les idiots, les enfants, les sauvages n'en possèdent pas, donc elles sont acquises par notre propre élaboration intellectuelle ou par l'éducation. Il reconnaît donc comme source de nos idées, outre la sensation, la réflexion attentive qui travaille sur ces données pour les séparer, les combiner et en former des idées générales. Son explication sur la perception extérieure est aujourd'hui abandonnée, à savoir celle des idées ou images représentatives, sortes de réalités intermédiaires que seules, dit-il, notre esprit atteint quand il connaît par les sens. Au siècle suivant, Berkeley et Hume s'appuieront sur cette hypothèse pour conclure l'un l'immatérialisme, l'autre l'associationisme et le phénoménisme sceptique *. — Mais Locke l'emporte à juste titre par son libéralisme politique : il reconnaît l'existence de droits naturels antérieurs à la constitution de l'État ; ce sont les droits à la vie, à la liberté, à la propriété ; celle-ci a pour origine morale notre travail, à la condition de n'abuser de rien et de ne pas laisser périr notre bien. Il condamne l'esclavage. — La puissance du prince repose essentiellement, dit-il, sur un contrat renouvelable et respectueux de nos droits. Tout gouvernement comprend trois pouvoirs, législatif, exécutif et judiciaire.

Au siècle suivant, *Adam Smith* (1723-1790) se distingua comme philosophe et comme économiste ; il prétendit que le bien moral est ce qui provoque la sympathie de nos semblables ; il fonda la morale sur le sentiment. En

* Voir plus loin l'*Essai sur l'entendement*, de Leibniz ; les doctrines de Locke y sont critiquées.

Ecosse, *Thomas Reid*, professeur à Glascow (1704-1796) corrigea la psychologie de Locke et observa exactement l'âme humaine — La philosophie française du XVIIIe siècle est généralement sensualiste sinon dans l'enseignement des écoles, du moins dans les ouvrages des penseurs indépendants Le premier d'entre eux fut l'abbé *de Condillac* (1715-1780), précepteur de l'infant de Parme Il se montra plus sensualiste que Locke pour expliquer la suite et la production de nos connaissances et de nos résolutions libres, il n'admet que la sensation et le désir toute notre vie spirituelle, dit il en procède à la suite de transformations successives Rien de plus superficiel, de plus inexact que ses définitions l'attention est une sensation qui persiste et devient exclusive, une science est une langue bien faite, l'âme est la collection des sensations éprouvées et non pas un principe substantiel Helvetius, Volney, Cabanis, tirèrent les conséquences matérialistes de ces prémisses — Voir plus loin l'analyse du livre Ier du *Traité des sensations*

Dans un autre ordre d'idées, *Montesquieu* (1689-1755) et *Jean Jacques Rousseau* (1712 1778) firent preuve d'originalité L'un présente d'importantes idées sur les lois et les formes de gouvernement Il donne la théorie des gouvernements mixtes, dont la constitution anglaise lui fournissait le modèle L'autre, malgré des paradoxes, eut un sentiment vrai de la moralité humaine, il croyait en Dieu, il protesta contre le scepticisme de ses contemporains et proclama la souveraineté du peuple

L'Allemagne ne resta pas indifférente aux discussions philosophiques du XVIIIe siècle Déjà Leibniz avait, au siècle précédent, joué un rôle important, il avait corrigé Descartes, répondu à Locke, à Bayle et même il avait pris part aux controverses religieuses de son temps Un autre philosophe, le professeur Kant, né et mort à Kœnigsberg (1724-1804) n'eut pas moins d'influence et fut plus original. Le scepticisme de Hume le tira de son « sommeil dogmatique », et il songea à critiquer d'abord la raison pure, c'est-à-dire spéculative, ensuite la raison pratique, c'est-à-dire morale. — Il fait dans notre intelligence une large part à l'innéité : nos cinq sens nous font percevoir le non-moi sous la forme innée de l'espace, notre conscience nous fait saisir les phénomènes du moi sous la forme ou condition innée du temps. Donc, en dehors de notre intelligence, l'espace et le temps ne sont rien. Puis l'entendement s'empare activement des premières données sensibles sur le non-moi et le moi, il les coordonne pour en faire des jugements, il admet aussi des formes innées, au nombre de quatre, la quantité, la qualité, la relation, la modalité. Enfin la raison nous fait dépasser le phénomène et concevoir au-dessus de ces multiples apparences l'inconditionné, l'absolu, la substance matérielle, l'âme et Dieu : ces trois réalités invisibles sont l'objet de la métaphysique. — En fait nous ne connaissons que des phénomènes, dès que par la raison nous essayons de les dépasser, nous aboutissons à quatre antinomies telles que celle-ci : pour les sens le monde semble fini et limité, pour la raison il doit être infini et sans bornes. — Dans sa critique de la *Raison pratique*, Kant a professé la doctrine de l'obligation. Il eût mieux fait sans doute de fonder la morale sur l'idée du Bien plutôt que sur le Devoir ; mais il a caractérisé ce dernier avec profondeur et netteté ; il l'appelle l'impératif catégorique et il l'oppose aux conseils de l'intérêt, qu'il appelle l'impératif hypothétique. Il a cependant omis les devoirs de bienfaisance, bien qu'il ait espéré que la paix perpétuelle régnerait un jour entre les peuples. Ensuite les idées morales lui paraissent si importantes qu'elles postulent à titre de conséquences légitimes, d'abord la liberté de notre âme, ensuite un Dieu qui commande, récompense et punit, et enfin l'immortalité de notre personne.

Au XIXe siècle, en France, *Maine de Biran* (1760-1824) se fit remarquer par de profondes analyses de notre activie personnelle, *Victor Cousin* (1792-1867) restaura le cartésianisme et enseigna, sous le nom d'éclectisme, les grandes et belles théories du spiritualisme. Il a résumé sa doctrine dans le livre *du Vrai, du Beau et du Bien* dont nous analysons plus loin la 3e partie. En Allemagne Hegel (1770-1831) continuant Kant, Fichte et Schelling aboutit au panthéisme idéaliste.

De ce résumé de l'histoire de la philosophie il résulte que les philosophes cherchent à résoudre les questions les plus difficiles sur l'essence des choses, sur l'esprit humain et sur le principe supérieur de l'univers. Leur rôle est important au point de vue intellectuel, moral et social. Leurs spéculations, dédaignées parfois des esprits superficiels, ont séduit les plus grands génies, et provoqué les plus intéressantes discussions.

AUTEURS FRANÇAIS

Descartes. Discours de la méthode

Descartes, né à La Haye (Indre-et-Loire) en 1596, mort à Stockholm en 1650, appliqua à toutes les sciences un esprit créateur et réforma la philosophie. Il habita vingt ans la Hollande d'où il publia le *Discours de la méthode*, 1637, les *Méditations*, 1641, les *Principes de la philosophie*, 1644.

Le *Discours de la méthode* comprend six parties.

I. — Le bon sens est la chose la mieux partagée, mais ce n'est pas assez d'avoir l'esprit bon, le principal est de l'appliquer bien. Aussi ai-je eu beaucoup d'heur d'avoir formé une méthode qui m'a permis d'augmenter par degrés ma connaissance. J'avais été nourri aux lettres dès mon enfance, j'estimais fort l'éloquence et je me plaisais surtout aux mathématiques, mais, quand j'eus achevé mes études, je me trouvai embarrassé de doutes et d'erreurs, je remarquai qu'il n'y a en philosophie aucune chose dont on ne dispute. Alors j'employai le reste de ma jeunesse à voyager, à voir des cours et des armées, là encore je ne trouvai guère de quoi m'assurer, mais enfin je pris un jour la résolution de me choisir les chemins que je devais suivre pour sortir d'incertitude.

II. — J'étais alors en Allemagne à l'occasion de la guerre, quand le commencement de l'hiver m'arrêta dans le duché de Neubourg* et là je m'entretins de mes pensées. Je pris le parti d'ôter de mon esprit toutes les opinions que j'avais reçues jusqu'alors afin d'y en remettre ou d'autres meilleures ou les mêmes mieux ajustées. Je fis réflexion que la coutume nous persuade plus que la connaissance certaine et que néanmoins la pluralité des voix n'a que fort peu de valeur pour les vérités malaisées à découvrir. En outre je pris garde que la Logique avec tous ses syllogismes sert plutôt à expliquer à autrui les choses qu'on sait qu'à les apprendre soi-même, aussi je crus que j'aurais assez des quatre principes suivants : le premier était de ne recevoir jamais aucune chose pour vraie que je ne la connusse *évidemment* être telle, c'est-à-dire d'éviter soigneusement la précipitation et de n'admettre que mes pensées claires et distinctes. Le second de *diviser* chacune des difficultés en autant de parcelles que possible. Le troisième de conduire par *ordre* mes pensées en commençant par les objets les plus simples et en *supposant* même de l'ordre entre ceux qui ne se précèdent point naturellement. Et le dernier, de faire partout des *dénombrements* entiers et des revues générales. On aboutira ainsi même dans les sciences de la nature, à ces longues chaînes de raisons, toutes simples et faciles dont les géomètres ont coutume de se servir, car la meilleure méthode revient à une mathématique universelle.

III. — Mais afin que je ne demeurasse point irrésolu en

* Sur le haut Danube.

mes actions pendant que la raison m'obligerait à l'être en mes jugements, je me formai une morale par provision dont voici quelques maximes 1° obéir aux lois et aux coutumes de mon pays, rester dans ma religion, suivre les opinions modérées, 2° être constant et ferme dans ma conduite, 3° me vaincre plutôt que la fortune, me soustraire ainsi, comme les stoïciens, à son empire, 4° continuer mes études, cultiver toujours ma raison, car il suffit de bien juger pour bien faire

Ces divers préceptes admis, je me remis à voyager et, pendant neuf années, je roulai çà et là dans le monde. Mais mon dessein n'était pas de douter pour douter, comme font les sceptiques, car au contraire je ne tendais qu'à m'assurer, j'appliquai cette méthode à résoudre certaines difficultés relatives à l'âme, à Dieu et au monde extérieur

IV — Je rejetai comme faux tout ce en quoi je pouvais imaginer le moindre doute, me rappelant combien d'abord nos sens nous trompent, ensuite combien on se méprend souvent en raisonnant et combien enfin nos rêves nous font illusion Mais alors je remarquai que cette vérité, je pense donc je suis, assertion évidente par elle-même et nullement syllogistique, pouvait devenir le premier principe de ma philosophie Je connus de là que j'étais une substance dont toute l'essence est de penser, car douter, c'est déjà penser Or, qui doute et qui pense en moi, sinon mon âme? Et comme penser n'a besoin, pour se produire, ni d'un lieu ni d'une chose matérielle, il en résulte que mon âme est entièrement distincte du corps et même plus aisée à connaître que lui Ensuite de quoi je réfléchis que douter est une imperfection, et que toutefois je concevais le parfait Quelle pouvait être la cause de cette importante notion? Je voyais bien d'où me venaient mes idées sur le ciel, la terre, la lumière, mais je ne pouvais m'expliquer aussi facilement la présence de l'idée de perfection Je conclus que cette idée venait nécessairement d'une nature c'est-à-dire d'un être, vraiment doué de perfection, et qui possédait tout ce que je connaissais me manquer, à savoir l'éternité, l'immutabilité, la toute puissance, la félicité, être sans lequel rien ne pourrait subsister un seul moment De plus, revenant à examiner l'idée que j'avais d'un être parfait, je constatai que l'existence s'y trouve déjà implicitement comprise, car l'existence est la condition première de la perfection Ces vérités me parurent si évidentes et si certaines que l'existence d'un Dieu me sembla seule fonder toute autre vérité relative à notre corps, au monde extérieur et aux astres, car tout ce qui est reel vient de cet être parfait et infini

V — Ma methode me conduisit aussi à résoudre certaines questions de physique dans un traite (intitulé *Du Monde*) que je n'ose publier. J'y explique comment la lumière vient non pas de l'émission d'une matière propre, mais d'ondulations ou vibrations produites dans le ciel par le mouvement du soleil et des etoiles fixes J'y expose, par des raisons générales et sans admettre de finalité, comment, de la matière et du mouvement etant supposes crees par Dieu, une terre des planetes, des cometes pourraient se former, comment pourraient apparaître le flux et le reflux, les montagnes, les mers, les fontaines, comment encore, par une evolution mécanique, toutes les choses materielles pourraient *se transformer avec le temps et devenir ce que nous les voyons à présent* J'y parle aussi du mouvement du cœur et des arteres, tel que l'a naguere decrit un médecin d'Angleterre (William Harvey, 1578-1657), j'y montre encore quelle doit etre la structure du corps humain, quelle est la nature des esprits animaux, sorte de flamme tres vive et tres pure qui monte du cœur dans le cerveau et meut tous nos membres, j'y presente enfin mes opinions sur l'âme automatique des bêtes, sur l'ame raisonnable de l'homme et sur son union avec le corps

VI — Mais, pour passer plus outre, des experiences

sont necessaires, et j'y convie tous les bons esprits Elles sont d'autant plus importantes qu'on est plus avance, car, pour le commencement, il faut se contenter de celles qui se presentent d'elles-mêmes Que si un homme seul ne suffit pas à les faire toutes, du moins doit-il les diriger toutes et ne rechercher que le bien public, car c'est proprement ne valoir rien que n'être utile à personne Ai-je reussi dans mon dessein ? Je ne le sais, mais je dirai seulement que j'ai resolu de n'employer le temps qui me reste à autre chose qu'à l'acquisition d'une plus ample connaissance de la nature.

Descartes Principes de la Philosophie, livre Ier

Les *Principes de la Philosophie* parurent d'abord à Amsterdam en 1644, en latin, ils etaient dédiés à Elisabeth, premiere fille de Fréderic, roi de Boheme Dans une *Lettre au traducteur*, l'abbé Picot, Descartes explique que la philosophie est la science des premieres causes et des principes clairs et evidents Cette étude est plus necessaire pour regler nos mœurs et nous conduire en cette vie que n'est l'usage de nos yeux pour guider nos pas

D'ailleurs la science humaine admet plusieurs degres d'abord notions faciles et fortuites, puis notions qui résultent d'une longue experience, ensuite verités acquises à la suite de nos relations sociales, en outre, connaissances conservees par les livres, enfin, au cinquieme degré, se place la recherche des premieres causes, recherche que Platon, Aristote et d'autres ont tentée, mais en vain car on n'a pas été d'accord sur le vide, les atomes, le chaud le froid, etc Quant à Descartes, il fondera, dit il, sa philosophie sur un doute provisoire, sur l'evidence de notre existence personnelle et sur Dieu, source de toute vérité

Tout cet ouvrage se divisera en quatre parties 1° métaphysique ou principes de la connaissance, 2° physique, 3° des cieux, 4° nature de notre planète, de l'air, de l'eau, du feu, de l'aimant

Analyse de la première partie

Pour s'assurer dans ses propres connaissances, il est besoin, une fois en sa vie, de mettre toutes choses en doute Ainsi, vu les erreurs des sens, vu aussi les illusions des rêves nous pouvons douter de la vérité des choses sensibles On doutera même des démonstrations de mathématiques, car on s'y est souvent trompé Pour sortir de ce doute provisoire, nous remarquerons que nous ne saurions rejeter cette proposition je pense, donc je suis, et même c'est là comme un biais qui nous permettra de connaître la nature de notre âme c'est elle qui doute et qui pense, elle est, par le fait même de cette pensée, entièrement distincte du corps, pour être, elle n'a pas besoin d'étendue, de figure et de lieu, de plus, la notion que nous avons de notre âme précède celle que nous avons du corps

Lorsque, peu après (§ 14), nous passons en revue nos diverses notions nous constatons celle d'un être tout-puissant et parfait, appelé Dieu Or, cette perfection rend l'existence de Dieu non seulement possible, mais absolument nécessaire et éternelle, au contraire, la nécessité d'être n'est pas comprise en la notion que nous avons des autres choses

En outre, cette importante notion d'un être parfait, nous ne la tenons ni du néant, car il est tout à fait impuissant, ni d'un être imparfait, tel que nous-mêmes, nous la tenons donc de Dieu De plus ce qui connaît quelque chose de plus parfait que soi ne s'est pas donné l'être, car celui qui concevrait l'existence absolue, se l'attribuerait s'il le pouvait Il y a donc un Dieu, être nécessaire tout-connaissant, tout puissant, source de toute bonté, créateur de toutes choses De plus il n'est point corporel, car être étendu et divisible serait pour lui une imperfection. Pour la même raison il ne possède pas d'organes des sens il entend, veut et fait tout par une même et très simple action En deux mots, il est infini, tandis que nous sommes entièrement finis

Mais (§ 26) ne tâchons pas de comprendre pleinement l'infini, contentons nous de le distinguer de l'indéfini, c'est-à-dire de ce dont nous ne voyons pas la borne, bien qu'elle existe Nous ne nous arrêterons pas aussi à examiner les fins que Dieu s'est proposées en créant le monde et nous rejetterons entièrement de notre philosophie la recherche des causes finales, car Dieu ne nous a point fait part de ses conseils Seulement nous pensons qu'il ne nous trompe pas et que tout cela est vrai que nous connaissons avec *évidence*, et nous voilà ainsi délivrés du doute hyperbolique ci-dessus proposé

Du reste d'où viennent nos erreurs ? De notre volonté En effet toutes nos façons de penser peuvent se ramener à deux (§ 32), d'une part sentir, imaginer, percevoir, concevoir, d'autre part désirer haïr, assurer, nier, douter, qui sont des façons différentes de vouloir Or notons que pour juger et adhérer il faut non seulement connaître, mais encore vouloir Lorsque nous distinguons le vrai d avec le faux, ne sommes nous pas responsables de ce libre choix ? Cette liberté de notre volonté se connaît sans preuve, par la seule expérience que nous en avons Il est vrai toutefois que personne ne veut expressément se méprendre, mais au moins presque tous consentent à décider sur des choses qu'ils ne connaissent pas

Voici, par exemple, deux notions claires et distinctes, c'est qu'entre toutes les choses créées les unes sont intellectuelles et pensantes, les autres sont corporelles avec étendue Il y faut ajouter les notions qui ne sont que des vérités de notre esprit comme le principe de contradiction. Ces maximes ont leur siège seulement en notre pensée, mais, pour ce qui est des choses (§ 51) que nous considérons comme ayant quelque existence en dehors de notre esprit, la substance est la plus importante, elle consiste en une chose qui n'a besoin que de soi-même pour exister. Toutefois ce mot substance ne peut pas être attribué à Dieu et aux créatures en même sens. Mais il peut être attribué à notre âme et à notre corps en même sens. Nous avons aussi une idée claire et distincte d'une substance incréée qui pense et qui est indépendante, c'est-à-dire d'un Dieu, mais ayons soin de n'y rien mêler par une fiction de notre imagination. Ensuite nous concevons aussi très distinctement ce que c'est que la durée, l'ordre et le nombre, mais ce ne sont que des manières et façons subjectives de concevoir les choses. Car il importe de noter que parmi les qualités ou attributs (§ 57), il y en a quelques uns qui sont dans les choses mêmes et d'autres qui ne sont qu'en notre pensée, ces dernières sont les idées de durée de temps et de nombre ainsi que les universaux, le genre, l'espèce, la différence le propre et l'accident.

Enfin (§ 65) nous pouvons aussi concevoir distinctement plusieurs diverses facons de penser, comme entendre, vouloir, imaginer, et plusieurs façons d'étendue comme toutes les figures, la situation, le mouvement. Quant aux perceptions sensibles, sentiments, affections et appétits, nous en pouvons aussi avoir une connaissance claire mais remarquons bien qu'il n'y a rien dans les objets extérieurs qui soit semblable à la couleur, au son. Ainsi rien de commun entre la perception d'une couleur et la couleur de l'objet coloré, de même la lumière que nous pensons voir dans le soleil n'est pas dans le soleil ce qu'elle est en notre esprit (§ 67). Sur toutes ces questions sachons renoncer aux préjugés de notre enfance. Sachons aussi qu'outre les choses étendues et imaginables, il y en a quantité d'autres qui ne sont qu'intelligibles. Enfin défions-nous des mots de la langue, car souvent ils n'expriment pas exactement nos pensées.

Malebranche Recherche de la vérité, livre II — De l'imagination 1re partie, chap I à V, 2e et 3e parties en entier

Malebranche né à Paris en 1638, entra dans la congrégation de l'Oratoire, et y mourut en 1715 Il adopta les idées de Descartes, mais, plus que lui il associa la théologie à la philosophie Il est un de nos meilleurs écrivains

Son principal ouvrage est la *Recherche de la vérité* en six livres Il s'efforce d'y faire ressortir la complète dépendance de notre entendement par rapport à Dieu, dans ce but il critique le mauvais emploi de nos facultés naturelles, il passe en revue les sens et surtout la vue, l'imagination l'entendement puis les inclinations, les passions, les règles de la méthode sur l'évidence des idées, sur l'analyse

Au livre II, Malebranche insiste longuement sur les effets dangereux de l'imagination

Première partie — Entre les organes des sens et le cerveau se trouvent de petits filets intérieurs qui agités par le cours des esprits animaux, font que l'âme se représente les objets, même absents Plus les vestiges laissés par les esprits animaux seront grands et distincts, plus l'âme imaginera fortement les objets Ces esprits animaux sont la partie la plus subtile et la plus agitée du sang, les artères les conduisent au cerveau* L'air qu'on respire cause aussi quelque changement dans les esprits les caractères varient selon les pays les Gascons ont l'imagination bien plus vive que les Normands Ensuite les nerfs qui vont au cœur, aux poumons, au foie, aux viscères, contribuent encore à l'agitation des esprits et cela indépen-

* Le rôle des esprits animaux a été aujourd'hui attribué par l'hypothèse au fluide nerveux

damnent de l'action de la volonté, car « tout cela ne se fait que par machine »

Comme toute l'alliance de l'esprit et du corps consiste dans une correspondance mutuelle, dès que l'âme reçoit quelques nouvelles idées, il s'imprime dans le cerveau de nouvelles traces Puis la volonté des hommes est importante pour régler la liaison des mêmes idées avec les mêmes traces, ensuite la troisième cause de la liaison des idées avec les traces, c'est la volonté constante et immuable du Créateur. Ainsi s'expliquent nos habitudes de penser et surtout la mémoire, laquelle peut passer pour une espèce d'habitude

Deuxième partie — La délicatesse des fibres donne aux femmes une grande intelligence pour tout ce qui frappe les sens C'est aux femmes à décider des modes, à juger de la langue, à discerner le bon air et les belles manières Tout ce qui est abstrait leur est incompréhensible Elles ne considèrent que l'écorce des choses Pour l'homme, son âme étant moins divertie par les choses sensibles, il peut contempler facilement la vérité Encore doit-il s'habituer à méditer sur toutes sortes de sujets, car l'âme se représente toujours les choses dont elle a des traces plus grandes et plus profondes Mais la vieillesse rend inflexibles les fibres du cerveau En général on se sert plutôt des yeux que de l'esprit pour se conduire, et cela par paresse ou par incapacité, ou par suite de la difficulté

En outre, on s'imagine que les opinions les plus vieilles sont les meilleures Quoi ! Aristote, Platon, Epicure ces grands hommes se seraient trompés ? Ou bien encore on se fait une science de mémoire et non pas une science d'esprit, on ne sait que des histoires et des faits, mais non des vérités évidentes Puis les gens d'étude s'entêtent de quelque auteur tout en est vrai, tout en est bon, tout en est admirable De plus, ils se regardent eux-mêmes comme ne faisant avec leur auteur favori qu'une même personne Or, aussitôt qu'un esprit est préoccupé, il n'a plus tout à fait le sens commun, et cela parce que les traces que les objets de leur préoccupation ont imprimées dans les fibres du cerveau sont si profondes qu'elles demeurent toujours entr'ouvertes De même les inventeurs de nouveaux systèmes ont d'ordinaire l'imagination forte, aussi ne peut on plus les détromper La passion même que nous avons pour la vérité nous trompe parfois, que sera-ce quand la capacité de l'esprit est remplie des images du plaisir et de la dissipation, comme il arrive aux gens de cour, aux jeunes gens et aux beaux esprits ? Les théologiens eux mêmes ne sont pas exempts des effets d'une imagination mal réglée, et il en faut dire autant des savants, des chimistes, des physiciens, quand ils observent mal les circonstances

Dans la *troisième partie*, Malebranche parle de la communication ou influence contagieuse des imaginations De là un penchant irrésistible à imiter ceux qui en sont doués Au fond, une imagination forte produit des visions, mais d'une manière délicate et assez difficile à reconnaître on n'est pas alors visionnaire des sens mais visionnaire d'imagination, d'où naît une grande facilité de s'exprimer accompagnée de la disposition à juger d'après l'apparence Ce sont surtout les inférieurs, tels que les enfants les courtisans, les serviteurs, qui subissent l'influence contagieuse des imaginations fortes La religion du prince fait la religion de ses sujets, ses plaisirs, ses passions ses jeux, ses paroles, ses habits sont bientôt à la mode, si Alexandre penche la tête, ses courtisans penchent la tête

Enfin, une des plus remarquables preuves de la puissance que les imaginations ont les unes sur les autres, c'est le pouvoir qu'ont certains auteurs de persuader sans aucune raison Ainsi le tour des paroles de Tertullien (auteur de l'*Apologie des martyrs*, du *de Pallio*, etc, mort en 245) de Sénèque, de Montaigne, a tant de charme et tant d'éclat qu'il éblouit l'esprit, leurs paroles, toutes mortes qu'elles sont, ont plus de vigueur que la raison de certaines gens. Elles entrent, elles pénètrent dans l'âme si impérieusement qu'elles se font obéir sans se faire entendre. On veut croire, mais on ne sait que croire. Sénèque, par exemple, convainc parce qu'il émeut. Le portrait qu'il fait de Caton d'Utique est trop beau pour être naturel, ce n'est que du fard. Il est vrai, néanmoins, que toutes les pensées de Sénèque ne sont pas fausses ni dangereuses. Quant à Montaigne, il donne un tour si naturel et si vif à son style qu'il est malaisé de le lire sans se laisser préoccuper. Il n'a ni principes pour raisonner ni ordre pour déduire, ses traits d'histoire ne prouvent pas, un petit conte ne démontre pas. De plus, il a trop affecté de passer pour pyrrhonien. Ses idées sont fausses, mais belles, ses discours mal raisonnés, mais bien imaginés.

Pascal. De l'autorité en matière de philosophie. — De l'esprit géométrique. — Entretien avec M. de Sacy.

Pascal, né à Clermont-Ferrand en 1623, mourut à Paris en 1662. Malgré sa faible santé, il composa des ouvrages de mathématiques, contribua aux progrès des sciences physiques, écrivit les *Lettres provinciales* et laissa inachevées ses *Pensées*. On a aussi de lui quelques opuscules philosophiques dont voici l'analyse.

I. — De l'autorité en matière de philosophie. — C'est un fragment de son traité du vide. Pascal y critique le respect que l'on porte à l'antiquité. On se fait des oracles de toutes ses pensées et le texte d'un auteur suffit pour détruire les plus fortes raisons.

Parmi les sciences, les unes sont purement historiques, les autres dépendent du raisonnement. S'il s'agit de savoir qui fut premier roi des Français, on doit recourir à l'autorité des livres et des auteurs; c'est surtout en théologie positive qu'il faudra s'adresser à la tradition Mais il n'en sera pas de même des sujets qui tombent sous le sens ou sous le raisonnement la raison seule a lieu d'en connaître C'est par cette methode que la géométrie, l'arithmétique, la physique, la medecine deviendront parfaites. Les anciens les ont trouvees seulement ebauchees, et nous les laisserons dans un etat plus accompli

Partageons avec plus de justice notre credulite et notre defiance Ne regardons pas comme un crime de contredire l'antiquite, ce serait mettre notre raison en parallele avec l'instinct des animaux, car ceux que nous appelons anciens etaient veritablement nouveaux en toutes choses C'est ainsi que, sur le sujet du vide, ils admettaient faussement que la nature n'en souffre pas, mais de nouvelles experiences eussent completement modifie leur opinion

II — De l'esprit geometrique, *1er fragment* — Sur la géométrie en general — Dans l'etude de la verite, on peut se proposer soit de la decouvrir, soit de la démontrer Insistons sur l'art de démontrer geométriquement La methode la plus parfaite, mais qui dépasse même celle des geometres, consisterait à n'employer aucun terme sans en donner le sens, et à n'avancer aucune proposition qu'on ne démontrat La géométrie approche autant que possible de cette methode parfaite D abord, en effet, elle ne reconnait que les définitions de nom ou nominales dont l'utilité est d'abreger le discours Elles sont libres et pas sujettes a etre contredites, toutefois on ne doit pas abuser de cette liberté d'imposer des noms Remarquons aussi qu'on ne peut pas tout definir et tout prouver, puisque les premiers termes qu on voudrait expliquer et les premieres propositions que l'on voudrait demontrer, en supposeraient d'autres Aussi la geométrie s'arrete dans ses explications elle ne definit pas l'espace, le mouvement, le nombre, l'egalite, etc De même on ne definit que difficilement la lumiere, et surtout l'etre, le temps on rendrait obscure l'idée du temps en disant qu'il est ou le mouvement d'une chose créée ou la mesure du mouvement. Qu'on ne s'étonne pas d'ailleurs si la géométrie ne définit pas ses principales idées, car c'est là plutôt une perfection qu'un défaut : c'est le résultat de l'évidence même de ces idées.

Soient encore le mouvement, le nombre, l'espace et l'étendue, on peut leur appliquer l'infinité de grandeur et l'infinité de petitesse, mais sans qu'il y ait lieu de rien démontrer, car la nature nous a proposé deux infinis soit pour les nombres, soit pour le temps, soit pour l'espace ; de telles idées doivent nous étonner, mais nous ne saurions en donner une exacte définition.

2e *fragment*, sur l'art de persuader. — Il y a deux entrées par où les opinions sont reçues dans l'âme, l'entendement et la volonté. La plus naturelle est celle de l'entendement, car on ne devrait consentir qu'aux vérités démontrées, mais la plus ordinaire est celle de la volonté, c'est à dire du cœur, car trop souvent on croit non par la preuve, mais par l'agrément. La preuve se fonde sur des principes et des axiomes ; l'agrément, sur certains désirs naturels communs à tous les hommes, comme le désir d'être heureux.

De ces deux méthodes, l'une de convaincre, l'autre d'agréer, Pascal ne donnera ici les règles que de la première, car agréer est trop difficile, et de plus les principes du plaisir ne sont pas fermes et stables, ils sont divers en tous les hommes. L'art de convaincre consiste à : 1° Définir tous les termes obscurs ou équivoques ; 2° N'accorder et ne demander, en axiomes, que des principes évidents ; 3° Prouver toutes les propositions un peu obscures, en évitant les termes équivoques.

Or, malgré l'apparence contraire, il n'y a rien de si inconnu, rien de plus difficile, rien de plus utile que de suivre ces règles. Les mathématiciens seuls s'y conforment. Les pensées poussent quelquefois tout autrement dans l'esprit d'un autre que dans celui de leur auteur. Ainsi ce principe : la matière est dans une incapacité naturelle de penser, et celui-ci : je pense, donc je suis, ne furent pas les mêmes dans l'esprit de Descartes et dans l'esprit de Saint-Augustin. Concluons donc que la méthode de ne point errer est sans doute recherchée de tout le monde, mais les géomètres seuls la suivent.

III. — Entretien avec M. de Sacy sur Epictète et Montaigne. — Quand Pascal fut entré en 1654 à Port-Royal-des-Champs, il eut avec M. de Sacy un entretien dont voici les points importants. Epictète, dit Pascal, a bien connu les devoirs de l'homme ; Dieu est son principal objet ; il admire la Providence divine et s'y soumet. Il veut aussi que l'homme cache ses bonnes résolutions. Mais, continue Pascal, comme Epictète était « terre et cendres », il sait ce que l'homme doit, mais non ce qu'il peut ; par « une superbe diabolique », il pense que seul l'homme a la puissance de connaître Dieu, de l'aimer et de lui obéir.

De son côté Montaigne (*Apologie de la doctrine de Raimond-Sebond*, théologien espagnol mort en 1432, *Essais*, liv. II, chap. XII) met tout dans un doute si général que ce doute s'emporte lui-même, car il n'ose même l'affirmer ; à tout il dit : que sais-je ? Il demande en effet ce qu'est l'âme, si elle est spirituelle, quand elle a commencé d'être, quelle est l'essence de l'erreur, ce que sont le temps, l'espace, le mouvement, l'étendue, l'unité. Il critique les axiomes et sape les bases des diverses sciences. M. de Sacy, vu sa foi religieuse, fut surpris de ces doutes des sceptiques. Mais Pascal avait son but : je ne puis voir sans joie, dit-il, la superbe raison si invinciblement froissée. Epictète, remarquant en l'homme quelques traces de la première grandeur originelle, a traité sa nature comme saine et n'ayant pas besoin d'un rédempteur. Mais Montaigne, éprouvant la misère présente, résultat de la chute d'Adam, puis ne tenant aucun compte de la rédemption, aboutit au désespoir, ce qui est logique.

Leibniz Nouveaux essais sur l'entendement humain, avant-propos et livre I

Leibniz, né à Leipsig en 1646 mort à Hanovre en 1716, se distingua dans le droit, les mathématiques, l'histoire et la philosophie Il habita la France de 1672 à 1676 et il y devint écrivain français En philosophie ses ouvrages sont, outre sa correspondance *Essais sur l'entendement humain*, réponse à Locke, *Théodicée*, réponse à Bayle, et *Monadologie*

Ses *Essais sur l'entendement humain* sont précédés d'un *avant-propos* important Il y remarque d'abord que la doctrine de Locke sur l'origine des idées se rapporte plus à Aristote et la sienne à Platon, dans cette discussion il fera parler deux personnages, l'un, Philalèthe, combattra les idées innées, l'autre, Théophile, c'est-à-dire Leibnitz, les défendra Il s'agit de savoir si notre esprit est vide d'idées comme seraient des tablettes où rien ne serait écrit, et si tout y vient uniquement des sens et de l'expérience, ou si l'âme contient originairement les principes de plusieurs notions Mais les sens, quoique nécessaires à toutes nos connaissances actuelles ne suffisent pas à nous les fournir toutes, car ils ne donnent que des exemples et des vérités individuelles La logique, la théologie, la métaphysique et la morale sont pleines de vérités innées qui les fondent

On ne peut pas nier qu'il y ait beaucoup d'inné en notre esprit, puisque nous sommes innés à nous-mêmes, et puisqu'il y a en nous de l'être, de l'unité, de la substance, de la durée, du changement, de l'action Supposons un marbre dont les veines marquent d'avance la figure d'Hercule préférablement à toute autre figure, on dira qu'Hercule est comme inné à ce marbre C'est ainsi que certaines idées et vérités sont innées, comme des inclinations, des predispositions, des habitudes ou des virtualités naturelles alors nous nous fournissons quelque objet de pensée de notre propre fonds, il suffit de vouloir creuser.

Locke est ensuite d'avis que l'esprit humain ne pense pas toujours, mais sur ce point, dit Leibniz, il ne sera pas aisé d'accorder cet auteur avec nous et les cartesiens car l'admission de perceptions insensibles dans l'ame est aussi importante en pneumatique, c'est-a-dire en psychologie, que les corpuscules le sont en physique. Reconnaissons à ce propos la grande loi de la continuité et convenons que la nature ne fait jamais de sauts. L'ame n'est pas plus sans pensée que la substance n'est sans action et sans phenomenes.

Ensuite Leibniz differe de Locke sur l'essence de la matiere elle n'est pas seulement constituée par de petites parties roides et unies. Il faut plutôt concevoir l'espace comme plein d'une matiere originairement fluide, susceptible de toutes les divisions, mais d'une maniere inegale et soumise a des mouvements réciproques. Leibniz se demande encore si, comme le pretend Locke, la matiere peut penser. Il s'etonne que Locke apres avoir fait le difficile sur les operations de l'ame, accorde à la matiere une puissance, une action qui n'est pas même intelligible. L'auteur anglais soutient en effet que l'ame est sans doute spirituelle, mais pas immaterielle. la liberté, la conscience, auraient pu etre concédées à la matiere par Dieu. Mais Leibniz est d'avis qu'il est inintelligible et inexplicable que la matiere ait du sentiment et de la raison. Dieu sans doute est tout puissant, mais il ne peut accorder aux choses des attributs contraires à leur nature.

Livre Ier — Des notions innees — Chap. Ier — Philalèthe a rendu visite en Angleterre a Locke, ce philosophe, renouvelant la doctrine de Democrite et de Gassendi, admet le vide et les atomes, attribue la pensee a la matiere, prétend que, malgre Descartes, il n'y a pas d'idees innees et qu'enfin l'âme ne pense pas toujours. Alors Leibniz, sous le nom de Théophile, déclare que tout en ayant renoncé au cartésianisme, il n'adhère cependant pas à Gassendi et qu'il a trouvé une nouvelle explication du rapport des substances, c'est celle d'une harmonie préétablie par Dieu, à l'aide de laquelle on rend intelligible l'union de l'âme et du corps. D'autre part l'essence de la matière n'est pas l'étendue, comme le veulent les cartésiens, même dans la matière se trouve une sorte d'organisme, rien n'y est stérile ou négligé, partout l'ordre et la variété.

Philalèthe propose alors d'étudier de près l'Essai sur l'entendement de Locke. Théophile l'approuve et répondra successivement. Malgré Philalèthe, il pense avec Descartes que l'idée de Dieu est innée ainsi que beaucoup d'autres notions. Elles viennent du fond de l'âme, mais les sens nous donnent occasion de les apercevoir. Mais les principes suivants : ce qui est est, il est impossible qu'une chose soit et ne soit pas en même temps, sont connus de tous, on s'en sert à tout instant sans y réfléchir. Ne pouvoir les formuler ne prouve pas qu'on en est dépourvu. Aussi en un sens toutes les vérités de l'arithmétique et de la géométrie sont comme innées, vu qu'elles sont déduites de principes innés. Ces principes ne sont pas conservés par la mémoire, mais ce sont des connaissances cachées dans le fond de l'âme. Notre esprit a plus qu'une puissance passive.

De plus, quelque nombre d'expériences particulières qu'on puisse avoir d'une vérité universelle, on ne saurait s'en assurer pour toujours par une simple induction, sans en connaître déjà la nécessité par la raison. Les principes font la liaison de nos pensées, comme les muscles et les tendons servent à marcher. Non seulement ils sont dans notre esprit, mais ils correspondent aussi à la nature des choses. — Mais, remarque Philalèthe, peut-on dire que les sciences les plus difficiles sont innées ? Leur connaissance actuelle ne l'est point, répond Théophile, mais bien leur connaissance virtuelle. Il paraît étrange, ajoute Philalèthe, que l'esprit possède une vérité à laquelle il n'a jamais pensé Théophile réplique qu'il importe pour de telles vérités de réfléchir avec attention

Chap II — Au chapitre II il s'agit de savoir « s'il n'y a point de principes de pratique qui soient innés » Ce n'est, dit Philalèthe, que par des discours et par quelque application de l'esprit qu'on peut s'assurer des vérités morales Théophile admet que la morale est une science démonstrative Mais il remarque que si nos penchants sont innés, la vérité l'est aussi Il y a sans doute des principes de morale qui ne sont pas innés, mais une vérité dérivative sera innée lorsque nous la pourrons tirer de notre esprit Toutefois les vérités morales d'instinct ne portent pas à l'action d'une manière invincible on y résiste par les passions, on les obscurcit par les préjugés et on les altère par des coutumes contraires Les sauvages américains sentent bien en certaines occasions ce que c'est que la justice, mais leurs coutumes sont pleines de cruauté Si la géométrie s'opposait à nos passions, nous la contesterions et la violerions

Mais les préceptes de morale supposent un législateur et une sanction Dès lors demande Philalèthe, faut-il admettre que les idées d'un Dieu et d'une vie à venir soient aussi innées? J'en demeure d'accord, répond Théophile, dans le sens que j'ai expliqué, c'est-à-dire que ce qui est inné n'est pas toujours connu distinctement

Chap III — Dans ce troisième chapitre Leibniz présente encore quelques considérations sur les principes innés soit de spéculation, soit de pratique Théophile est d'avis contre Philalèthe qu'admettre l'innéité des vérités premières, c'est donc admettre l'innéité des idées qui constituent ces vérités, ainsi sont innées les idées d'être, de possible, d'identité De même l'idée de Dieu elle est innée, comme Locke le reconnaît lui même dans son *Essai sur l'entendement* I 3, 9 Mais il importe de remarquer, dit Théophile en terminant, qu'admettre des vérités innées ne doit point empêcher de chercher les preuves des vérités qui en peuvent recevoir

Leibniz La Monadologie

La *Monadologie* est comme un resumé de la philosophie de Leibniz, on y trouve ses principales theses sur la philosophie de la nature, sur la psychologie et la theodicee. Elle fut composee en français par Leibniz, en 1714, pour le prince Eugene de Savoie

I La *monade* est une substance simple et sans parties Il faut qu'il y ait des substances simples, puisqu'il y a des composes, et ce que j appelle monade est une sorte d'atome, l'element indissoluble des choses La matiere n'est pas une chose unique en nombre, elle n'est pas une vraie monade ou unité substantielle, mais elle est un agrégat Les monades ne peuvent commencer ou finir que tout d'un coup, commencer par creation, finir par annihilation De plus une monade ne peut pas etre altérée ou changée dans son intérieur par quelque autre creature, son developpement est tout intime et spontane Elle est indivisible, ingenérable, incorruptible, elle est comme un atome spiritualisé

Dans chaque monade se trouve virtuellement la suite des détails qui constitueront ses changements progressifs en cela consiste la perception, laquelle est la faculte d'éprouver, avec plus ou moins de conscience, une multitude d'etats intellectuels La presence de ces petites modifications est tout a fait inexplicable par figures et mouvements mecaniques En effet, dans une machine on voit des pieces qui se poussent les unes les autres, au contraire une perception se produit dans une substance une et indivisible En second lieu dans chaque monade se trouve aussi l'appétition ou tendance vers quelque objet

On pourrait appeler *âme* toute monade douée de perception et d'appétition, mais peut-être vaut-il mieux réserver ce nom aux monades dont la perception est, comme pour l'esprit humain, plus distincte et accompagnée de mémoire. Tout état d'une monade est naturellement une suite de son état précédent : le présent y est gros de l'avenir.

Dans l'*âme humaine* les organes corporels ont pour effet de lui donner des perceptions plus précises ; d'autre part les notions qui passent dans l'âme par la perception, la mémoire et l'imagination, représentent d'abord et surtout l'état des organes corporels. Mais la connaissance des vérités nécessaires et éternelles caractérise notre âme ; elles constituent la raison et produisent la science ; elles nous élèvent à la connaissance de nous-mêmes et de Dieu en nous donnant des idées de l'être, de la substance, de l'immatériel. Parmi ces vérités nécessaires, il en est deux qui fondent nos raisonnements : 1° le principe de contradiction ; 2° le principe de raison suffisante, qui nous impose de rechercher une explication satisfaisante à tout ce qui n'est pas premier.

II. Mais (§ 37) une suprême et dernière raison de tout doit se trouver dans une substance nécessaire et qui se suffit, *Dieu*. Tout expliquer et tout contenir, c'est pour Dieu être parfait ; c'est posséder l'être sans bornes. L'entendement de Dieu est la région des vérités éternelles et le principe des existences, car sans Dieu rien de ce qui est possible ne deviendrait réel ; or, comme il y a du réel, il faut donc que Dieu existe. Mais, quoique les vérités éternelles soient en Dieu, ne croyons pas qu'elles soient arbitraires et qu'elles dépendent de sa volonté capricieuse. Dieu seul est la monade primitive et simple dont les autres naissent de moment en moment comme des fulgurations continuelles.

III. L'influence (§ 49) d'une monade sur une autre ne peut avoir son effet que par l'intervention de Dieu qu preetablit une *harmonie* generale entre toutes les choses, de cette maniere chaque monade est un miroir vivant de l'univers, elle se ressent de tout ce qui se fait, car cette communication a des effets très lointains Toutefois c'est surtout le corps qui lui est attaché que chaque monade représente distinctement Rien d'inculte, de stérile, de mort dans l'univers tout s'y trouve dans un flux perpetuel Pour expliquer l'union de l'ame et du corps, Leibniz déclare que l'ame suit ses propres lois et le corps aussi les siennes Cette union est donc le parallélisme de deux existences, elle se produit en vertu de l'harmonie preetablie par Dieu les ames agissent par dessein et causes finales, le corps suit les causes efficientes

Différents des simples âmes, les esprits raisonnables sont non seulement des miroirs vivants de l'univers, mais encore les images de la divinite, etant capables de connaître le systeme du monde et d'entrer en [illegible] rce avec Dieu De là la naissance d'un monde moral [illegible] gnent les causes finales bien superieur au monde physique ou n'apparaissent que les causes efficientes telle est la cite de Dieu, monarchie véritablement universelle et gouvernee par le plus parfait des monarques

Condillac. Traite des sensations, livre I

Etienne Bonnot de Condillac, ne a Grenoble en 1713, mort en 1780 pres de Beaugency, prit les ordres ecclesiastiques et fut le chef de l'école sensualiste, il a composé un *Essai sur l'origine des connaissances humaines*, un *Traité des systèmes*, un *Traité des sensations* une *Logique*

Le principal objet du *Traité des sensations* est de faire voir comment toutes nos connaissances viennent des sensations Cette recherche peut contribuer aux progres de l'art de raisonner, en nous aidant à démeler l'origine de nos premieres operations Il ne suffit pas de repéter à ce propos, d'après Aristote, que nos idées viennent des sens. Il faut démêler ce que nous devons à chaque sens De là les quatre parties du *Traité des sensations* La première se rapporte à l'odorat, l'ouïe, le goût et la vue La seconde se rapporte au toucher, le seul sens qui juge par lui-même des objets extérieurs La troisième montre comment le toucher apprend aux autres sens à juger des objets Dans la quatrième on décrit les besoins et les idées d'un homme isolé qui jouit de tous ses sens

Première partie Locke distingue deux sources de nos idées, les sens et la réflexion Il serait plus exact de n'en reconnaître qu'une seule, car la réflexion n'est dans son principe que la sensation même « J'essayai en 1746, dit Condillac, de donner la génération des facultés de l'âme. Cette tentative parut neuve et eut quelque succès, mais elle le dut à la manière obscure dont je l'exécutai » Pour y mieux réussir dans le *Traité des sensations*, Condillac imagina une statue de marbre organisée intérieurement comme nous, mais animée d'une âme privée d'abord de toute espèce d'idées et n'ayant d'abord l'usage que de l'odorat, vu qu'il est de tous les sens celui qui paraît le moins contribuer à la connaissance

Notre statue, ainsi bornée à l'odorat, ne peut connaître que des odeurs Elle ne perçoit ni l'étendue, ni la figure, ni la couleur, ni le son, ni la saveur Si nous lui présentons une rose, elle sera odeur de rose, et elle n'aura aucune idée de la matière Elle ne sera capable que d'attention à cette odeur, elle en souffrira ou en jouira, mais sans rien désirer Ensuite ses désirs naîtront d'un état de douleur qu'elle comparera à un état de plaisir que la mémoire lui rappellera, cette faculté de la mémoire n'est elle-même qu'une manière de sentir les sensations passées, et elle devient vite une habitude De plus la statue est active dans la production de l'état remémoré, passive dans celle de l'état actuellement senti Bientôt elle comparera et jugera, surtout si elle passe à un état nouveau, alors l'étonnement augmente l'activité de son âme Ses idées conservées par la mémoire se lient mieux A la mémoire s'ajoute l'imagination quand les sensations passées sont retracées avec tant de force qu'elles paraissent présentes Mais, quand la sensation est assez vive pour remplir l'âme, alors la statue est toute passive le plaisir est pour elle une espèce d'ivresse

Des besoins (chap III) de cette statue naissent en elle des désirs d'autant plus ardents qu'elle ressent plus vivement la privation, son imagination provoque un état passionné, qui est de l'amour ou de la haine, et qui, dès lors, admet les degrés du goût, du penchant de l'inclination, ou bien de l'éloignement, de la répugnance, du dégoût Notons d'ailleurs que l'amour dont notre statue est capable n'est que l'amour d'elle-même Enfin le souvenir d'avoir satisfait certains de ses désirs, l'espérance de les satisfaire encore la porte à vouloir, car on entend par volonté un désir absolu, et tel que nous pensons qu'une chose désirée est en notre pouvoir.

Mais quelles seront (chap IV) les idées d'un homme ainsi borné au sens de l'odorat ? L'odeur de la violette, par exemple, ne sera point pour la statue une idée commune à plusieurs fleurs, car elle ne sait pas qu'il existe des violettes Puis elle a l'idée de l'unité toutes les fois qu'elle éprouve une sensation Mais elle ne peut guère compter au delà de trois, car c'est l'art des signes qui nous a appris à porter la lumière plus loin. Puis du discernement qui se fait en elle des odeurs naît une idée de succession, celle d'une durée de deux instants Comme elle n'embrasse d'une manière distincte que jusqu'à trois odeurs, elle ne démêlera aussi que trois instants dans sa durée. Pour avoir une idée de l'avenir, il faut qu'elle ait eu à plusieurs reprises la même suite de sensations, et qu'elle se soit fait une habitude de juger qu'après une modification une autre doit suivre Elle n'aurait même connu qu'un instant si le premier corps odoriférant eût agi sur elle d'une manière uniforme Le changement est encore pour la statue la condition de sa notion du moi, car, tant qu'elle ne change pas, elle existe sans retour sur elle même Son moi n'est donc que la *collection* des sensations qu'elle éprouve et de celles que la mémoire lui rappelle

Concluons (chap VII) qu'avec un seul sens l'âme a le germe de *toutes* ses facultés, de toutes ses opérations, concluons surtout que le plaisir et la peine ont été le germe et la cause productrice de notre développement spirituel De l'odorat passons à l'ouïe quand l'oreille de la statue sera frappée par le son, elle deviendra la sensation qu'elle éprouve, elle sera comme un écho, car elle ne soupçonne pas qu'il existe autre chose qu'elle Puis les degrés de plaisir et de peine lui feront acquérir les mêmes facultés qu'elle a acquises avec l'odorat, avec cette différence que les odeurs sont plus propres à émouvoir que les sons La musique lui plaira davantage suivant qu'elle sera en proportion avec le jeu d'exercice de son oreille D'abord des chants simples et grossiers seront capables de la ravir D'autre part, la réunion de l'odorat et de l'ouïe donne à notre statue comme une double existence

Ensuite (chap X), l'exercice du goût lui fera acquérir les mêmes facultés qu'avec l'ouïe et l'odorat Plusieurs saveurs réunies lui paraîtront d'abord comme une seule, et elle ne les distinguera qu'autant qu'elles se succéderont Du reste, les saveurs l'affecteront avec plus de force que les odeurs, le besoin de nourriture rendant les saveurs plus nécessaires Ses désirs augmenteront, et elle contractera de nouvelles habitudes

Quant à la vue (chap XI), répétons d'abord que, par ce sens comme par les autres, nous n'apercevons rien qu'en nous-mêmes, malgré l'apparence aussi par la vue, notre statue deviendra-t-elle lumière et couleur, aussi Locke convient-il qu'un aveugle-né dont les yeux s'ouvriraient à la lumière ne distinguerait pas à la vue un globe d'un cube Notre statue se sent couleur rouge, puis jaune, puis verte, la mémoire l'aide à distinguer deux ou trois couleurs. Comme il est impossible de concevoir une couleur sans étendue, la notion de surface colorée résultera de l'exercice de la vue, puis le tact fera remarquer des grandeurs circonscrites

V Cousin Le Vrai, le Beau, le Bien (3e partie le Bien)

Victor Cousin, né à Paris en 1792, mort à Cannes en 1867, fut un des plus grands écrivains et philosophes du XIXe siècle Dans son enseignement à l'école normale supérieure et à la Sorbonne, il se rattacha à Descartes et fonda la philosophie sur la psychologie Son livre sur *le Vrai, le Beau et le Bien* résume exactement sa doctrine. Dans les deux premières parties, l'auteur enseigne que notre esprit possède des principes universels, nécessaires et indémontrables Dieu est leur origine supérieure, il est aussi le premier principe du Beau. Celui-ci ne peut se ramener ni à ce qui est utile, ni à la convenance, ni à la proportion. Il admet deux éléments l'unité et la variété

Troisième partie. Du Bien I — La morale s'étend partout où se trouve l'idée du Bien Toutes les langues, en effet, comme toutes les nations, parlent de liberté, de devoirs et de droits, c'est là un fait certain et universel : est-ce l'égoïsme habile ou la vertu désintéressée que les poètes célèbrent? Dira-t-on que la liberté, objet de tant de sacrifices, n'est qu'une illusion? Non, car le témoignage de la conscience nous révèle que l'homme est doué d'une volonté qui lui appartient, et que prouvent nos vœux ainsi que les faits moraux de l'estime, du mépris, de l'admiration, de l'indignation et du repentir. Ce n'est pas la société qui crée des principes moraux à son usage; ils lui sont bien antérieurs, ils sont contemporains de la pensée, ils inspirent toute juste sentence L'éducation les développe, elle ne les invente pas Ainsi l'idée de droit est-elle une chimère ? Ne proclame-t-on point partout que la force doit être au service du droit ?

II — La philosophie de la sensation, partant d'un fait unique, la sensation agréable ou pénible, arrive nécessairement à ériger en principe soit le plaisir actuel, soit l'intérêt bien entendu Mais la morale de l'intérêt n'est pas autre chose que celle du plaisir perfectionnée Elle admet sans doute comme le genre humain, le bien et le mal; mais elle les subordonne à la poursuite intéressée du bonheur Pour ces moralistes, le bien est ce qui est conforme à notre véritable intérêt En cela, ils réagissent avec quelque raison contre la rigueur excessive du stoïcisme ou de l'ascétisme monacal Mais, si l'homme a le droit de rechercher son plaisir et son bonheur, n'y a-t-il pas en lui d'autres besoins plus élevés ? Exclusive et intolérante, la morale de l'intérêt nie ce qu'elle n'explique pas Ainsi elle nie le libre arbitre et le confond avec le désir, lequel cependant en est juste l'opposé De cette grave confusion il résulte que le sensualiste n'a pas le droit de formuler de vrais préceptes de morale En second lieu, pour le sensualiste, le bien, c'est l'utile Mais alors le génie du calcul sera la vertu Or, une telle vertu n'est pas à la portée de tout le monde, il faudra une grande science pour être honnête homme, de plus cette vertu ne sera ni universelle ni obligatoire. Suis-je obligé d'être heureux? Enfin la morale de l'intérêt déchaîne tous les désirs, rend injustes la récompense comme la punition et légitime la guerre de tous contre tous

III. — Suivant d'autres philosophes, une action bonne est celle qui est suivie de la satisfaction morale, une action mauvaise est celle qui est suivie du remords D'autres encore ont assigné le même rôle à la bienveillance le bien est ce avec quoi nous sympathisons C'est là sans doute un principe supérieur à l'égoïsme épicurien car cette bienveillance pour les actes ou les maux d'autrui est désintéressée et de plus le sentiment est le compagnon fidèle et l'utile auxiliaire de la vertu. Mais la sympathie, vu sa nature relative et changeante, ne deviendra jamais une règle fixe, absolue, et surtout obligatoire.

On a dit aussi que l'intérêt général devait être notre loi morale : le bien serait le plus grand intérêt du plus grand nombre. Ce nouveau principe porte sans doute au désintéressement, mais l'intérêt général n'est pas toujours conforme au droit ; on ne peut donc pas déclarer obligatoire la célèbre maxime : Sacrifie-toi à ta famille, sacrifie ta famille à la patrie et la patrie à l'humanité. Reste à savoir enfin si ce sera la volonté de Dieu qui doit nous servir de règle morale. Mais nous répondrons que si Dieu peut à juste titre être regardé comme le suprême représentant de la moralité, cependant sa volonté seule et arbitraire ne crée ni la justice ni la loi ; sa volonté se conforme toujours à la nature des choses et des êtres.

IV. — Les vrais principes de la morale sont d'abord la distinction absolue du bien et du mal ; c'est là un jugement rationnel que manifestent des sentiments désintéressés de bienveillance et d'antipathie ; ils impliquent aussi que l'agent a été libre dans ses actes. De là la lutte de l'intérêt et du devoir, lutte remplie de troubles, de résolutions contraires, de joies et de remords. Notons que ce jugement sur le Bien est simple, primitif et universel. Ensuite le bien conçu comme obligatoire, c'est le devoir ; il est absolu, il concorde avec le libre arbitre, attribut essentiel de notre volonté. Il est aussi l'origine et la mesure exacte du droit. Enfin son accomplissement appelle le bonheur sous peine de contradiction. Telle est l'admirable économie de la constitution morale de l'homme.

V. — Mais à quel signe remarquerez-vous qu'une action est conforme au devoir ? A ce signe que le motif de cette action étant généralisé vous paraisse une maxime de legislation universelle digne de notre raison Il n y a donc qu'un seul devoir, celui de rester raisonnable Or, cette obligation aura d abord pour objet notre propre personne, nous ne devrons pas nous traiter comme une chose De là la necessite de pratiquer la prudence la veracite, la temperance et d'affranchir le libre arbitre En outre, la personne morale sera respectable en autrui Il sera des lors raisonnable d etre juste envers nos semblables, et de respecter en eux la vie, la liberte, la propriete et tout ce qui se rapporte a leur personne Enfin on tiendra compte encore de la valeur absolue de la personne en secourant un pauvre la justice respecte ou elle restitue la charite donne librement, mais elle n'impose qu une obligation large, sa beaute est dans sa spontaneite Mais la pratique de cette vertu exige beaucoup de délicatesse et d attention Enfin, sur la solide base de l egalite de nos droits s'appuie la societe civile avec un gouvernement et des lois qui le dirigent et le maintiennent

VI — Enfin, si l idee de Bien fonde les preceptes et les lois, cette idee a pour principe Dieu lui-meme, c'est a dire une personne morale comme la nôtre, car Dieu possede les mêmes attributs que nous, mais eleves à l'infini C est encore Dieu qui, en presence des fleaux, des calamites qui frappent les bons comme les mechants retablit l equilibre entre la vertu et le bonheur, entre le vice et le malheur Mais, si la justice divine, pour s exercer sur nous, demande une âme immortelle d autre part, la spiritualite de cette âme est le fondement necessaire de l immortalite

FIN

TABLE DES MATIÈRES

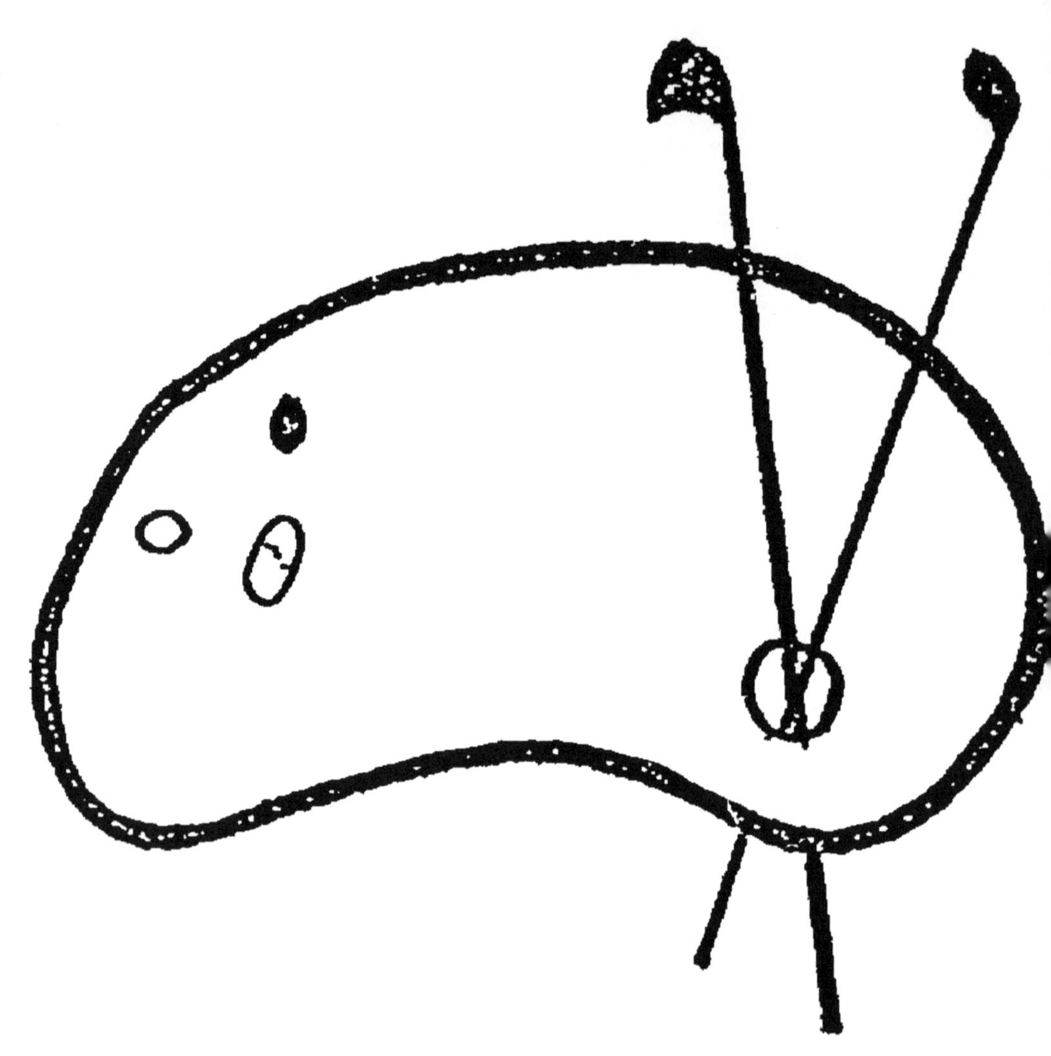

www.ingramcontent.com/pod-product-compliance
Lightning Source LLC
Chambersburg PA
CBHW051738090426
42738CB00010B/2320

* 9 7 8 2 0 1 2 6 4 7 7 6 3 *